本丛书得到何东先生独资赞助

This series of books is financially supported exclusively by Mr. Eric Hotung.

20世纪中国文物考古发现与研究丛书

# 古代简牍

李均明 / 著

文物出版社

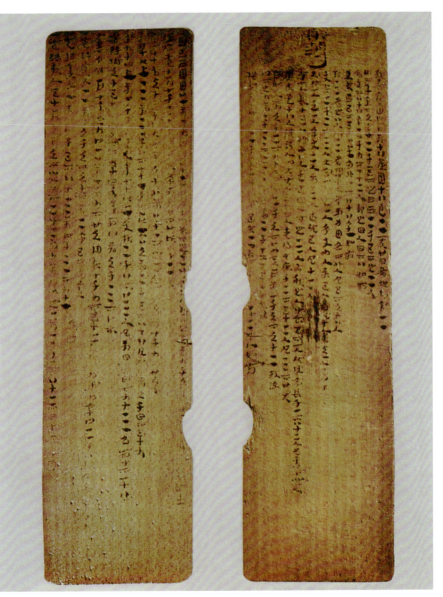

一　江苏连云港尹湾汉墓出土木牍

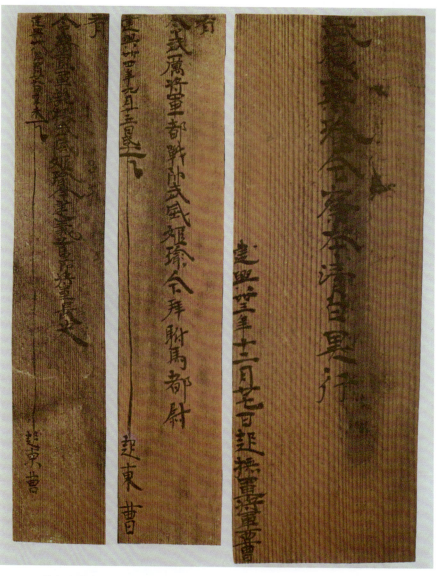

二　甘肃武威出土东晋前凉建兴年间木牍

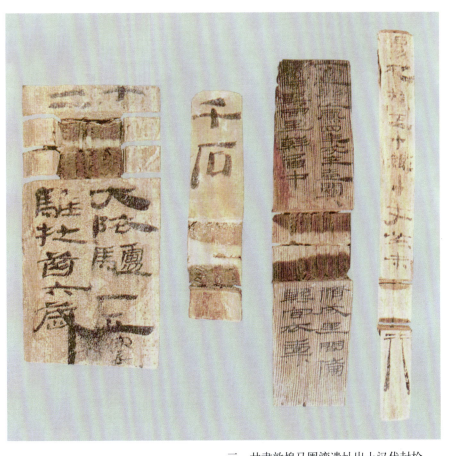

三　甘肃敦煌马圈湾遗址出土汉代封检

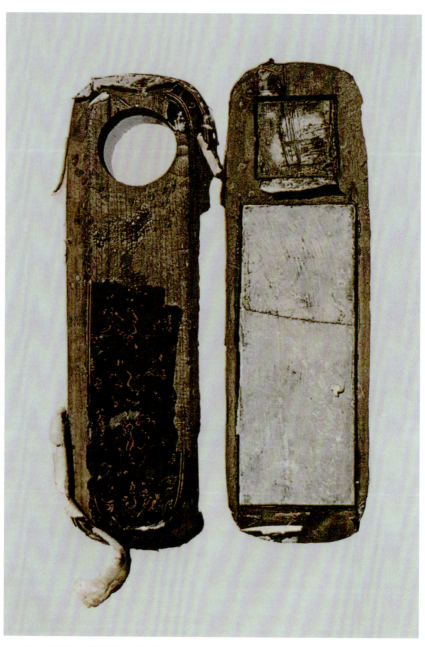

四　江苏连云港尹湾汉墓出土板砚

*20世纪中国文物考古发现与研究丛书*

# 序 / 张文彬

俗称"锄头考古学"的田野考古学的诞生以及中国考古学学科体系的基本完善，由此而引起的古物鉴玩观赏著录向科学的文物学的转变，是20世纪中国学术与文化界的大事。它从材料与方法两个方面彻底刷新了持续了数千年之久的中国古代史学传统，不但为中国学术界和文化界开拓出更加广阔的研究天地，也为一切关心中华民族悠久历史和灿烂文明的人们不断地提供了可贵的精神滋养和力量源泉。

仰古、述古、探古，进而考古，向来为我国传统文化中一个明显的学术特点。先秦时期诸子百家发其端，汉代司马迁撰写《史记》，北魏郦道元作注《水经》。他们对相关的遗迹遗物，尽可能地做到亲自考察和调查，既能辨史又可补史。这种寻根追源的治学态度，为后世学术上的探古、考古树立了榜样。此后，山河间的访古和书斋式的究古相继开展，特别是对古器物的研究，成了唐、宋时期的文化时尚。不少学者热衷于青铜铭文、碑刻、陶文、印章等古文字的考释，进而有了对器物的辨伪鉴定、时代判断、分类命名等，逐渐兴起了一门新的学问——金石学，涌现出许多著名的古器物鉴赏家和收藏家。只是囿于当时的历史条件，金石学家们无法了解所见文物的出土地点和情况，也难以涉及史前时代漫长的演进历程，因而长期以来始终脱离不了考证文字和证经补史的窠臼。即使如此，他们的艰辛努力和取得的成绩，还是为推动我国传统文化的发展起到了积极作用，并且在事实上也为中国考古学和中国文物学的起步铺设了最早的一段道路。

20 世纪初，近代考古学由西方传入。中国学者继承金石学的研究成果，学习并运用西方考古学方法，开始从事田野考古，通过历史物质文化遗存，探寻和认识古代社会，揭示人类社会发展规律。早在 1926 年，中国学者就自行主持山西南部汾河流域的调查和夏县西阴村史前遗址的发掘。随后，我国学者同美国研究机构合作，有计划地发掘周口店遗址，发现了北京猿人。从 1928 年起至 1937 年，连续十五次发掘安阳殷墟遗址，取得了较大收获，引起了国内外学术界的重视。自 20 世纪 50 年代以后，随着国家大规模经济建设的进行，田野考古勘探、调查和科学发掘工作在全国范围内蓬勃有序地开展，许多重要的典型遗址和墓地被揭露出来，重大发现举世瞩目。它们脉络清晰，层位分明，文化相连，不仅弥补了某些地域上的空白，而且衔接了年代上的缺环，为研究中国古代史、文化史、科学史以及其他学科领域，提供了珍贵、丰富的实物资料，极大地影响着人文社会科学诸多学科专业的研究与发展。这段时间被学术界称为中国考古学的黄金时代。在马列主义理论指导下，具有中国特色的考古学理论体系和方法论逐渐形成。有关研究成果不仅极大地改变和丰富了人们对中国文明起源、中国古史发展等重大问题的认识，同时也扩展了中国文物的研究领域和研究方式。可以说，考古学的发展与进步，直接影响到文物学的形成与发展，而且影响到全社会对文化遗产重要作用的认识以及世界学术界对中国古代文明的重新认识。

从20世纪80年代开始，文物界就中国文物学的创立，逐渐取得共识，在共同探讨的基础上，初步形成了学科体系。不少学者发表了有关论文，出版了专著，就文物的历史价值、科学价值、艺术价值以及在社会主义的物质文明与精神文明建设中如何对文物进行有效保护、合理利用发表意见。这些研究成果已获得学术界的赞同。

在这世纪之交和千年更替之际，对中国考古学和中国文物事业作一次世纪性的回顾和反思，给予科学的总结，是许多学者正在思考和研究的问题。如果能通过梳理20世纪以来重大发现和研究成果，透视学科自身成长的历程，从而展望未来发展的方向，以激励后来者继续攀登科学高峰，无疑是一件很有意义的事。为此，经过酝酿、商讨和广泛征求意见，我们约请一批学者（其中有相当多的中青年学者）就自己的专长选择一个专题，独立成篇，由文物出版社编辑出版一套《20世纪中国文物考古发现与研究丛书》，并以此作为向新世纪的献礼。

从某种意义上说，《20世纪中国文物考古发现与研究丛书》是一套学科发展史和学术研究史丛书。其内容包括对20世纪考古与文物工作概况的综合阐述；对一些重要的考古学文化和古代区域文化研究情况的叙述；对文物考古的专题研究；对重要的文物考古发现、发掘及研究的个例纪实。

此套丛书的内容面广，而且彼此关联。考虑到各选题在某些内容上难免会有重叠或复述，因此在编撰之初，我们要求各选题之间互有侧重，彼此补充，以期为读者了解 20 世纪中国考古学和文物学的发展提供更多的视角。

我国的文物与考古工作，虽在 20 世纪得到了迅速发展，但仍有许多重大学术问题需要进一步探索。我们主持编辑这套丛书，除了强调材料真实，考释有据，写作态度严谨求实外，也不回避以往在工作或研究上曾经产生的纰漏差错和不足之处，以便为今后的工作和研究提供借鉴。虽然我们尽了很大努力，但限于水平，各篇仍很难整齐划一。由于组稿和作者方面的困难和变化，一些计划之中的题目也未能成书。这些不周之处，敬请专家、学者和广大读者批评指正。

在丛书编印过程中，我们得到了文物、考古界的广泛支持。何东先生在出版经费上给予了热情帮助。在此，一并深表感谢。

2000 年 6 月于北京

# 目　录

# 插 图 目 录

前言

　　我国古代未发明纸张之前，文字的载体材料有多种。金石、甲骨、竹木、缣帛皆为之，其中以竹木的应用最广泛。以竹木制成的文字载体即简牍。《说文》："简，牒也，从竹，间声。"又"牍，书版也，从片"。"片"就是剖开之"木"，故就字形而言，简制以竹，而牍当制以木。但出土物所见，北方出土之简多为木质，而南方出土之牍也有竹制者，表明简牍的质料皆据自然资源之分布因地制宜。

　　简牍之用始于何时，至今尚无定论。王国维云："书契之用，自刻画始，金石也，甲骨也，竹木也，三者不知孰为后先，而以竹木之用为最广。"[1]据《尚书·多士篇》："惟殷先人有册有典。"又甲骨文、金文中的"册"字写作"册"，像把若干竹木简用绳编联的样子，似殷商已用简册。按当时竹木器已普遍被应用，且甲骨、陶器上已见笔墨的痕迹，因而使用简牍的物质和技术条件当已成熟，只是至今尚无实物出土，故未能定论。

　　今出土实物所见年代较早的简牍是战国时期的楚简，其中以 1978 年湖北随县曾侯乙墓出土的竹简为最，时当公元前 433 年或稍晚。年代较晚的汉文简牍多为魏晋时期的，而以少数民族文字如吐蕃文、西夏文书写的木简时在唐代以降。数量最多的是秦、汉至三国间的简牍，约占已出土简牍总数的百分之九十以上。

纸张出现以后，有相当长的时间是简、纸共用阶段。考古发掘证实西汉已有纸，但当时纸的产量不多，价格也非常昂贵，所以简牍仍以其取材便利而继续被广泛使用，东汉魏晋间即为简、纸并用时期。由此看来，简牍的使用至少历时千年以上。

简牍的应用并非局限于中国，古代外国以木材为文字载体的情况也相当普遍。如日本奈良出土的平城木简与长屋王家木简，英国文德兰达出土罗马时代的屯戍木简。此外，意大利的庞贝、海尔卡拉姆及瑞士的文德奈萨也有类似的木简出土，印度的贝叶经则以棕榈科树叶为书写材料。

20世纪以前我国已有多批简牍出土。见于史籍记载者如：《汉书·艺文志》、《尚书正义·序》载汉武帝末年从孔子宅壁获简本古文《尚书》、《礼记》、《论语》、《孝经》凡数十篇，并由此引起今文经学与古文经学派的激烈争论。《论衡·正说》载汉宣帝时河内（今山西沁阳）一女子拆除旧屋时获简本《易》、《礼》、《尚书》。最著名的是《晋书·束晳传》载晋武帝太康二年（公元281年）河南汲郡（今河南汲县）战国古墓（魏襄王或安釐王墓）出土数十车竹简，经当时的著名学者束晳等整理，计有《纪年》、《易经》、《易繇阴阳卦》、《卦下易经》、《图诗》、《大历》、《生封》、《缴书》、《琐语》、《梁丘藏》、《师春》、《名》、《国语》、《公孙段》、《周食田法》、《论楚事》、《周书》、《杂书》、《周穆王美人盛姬死》等七十五篇，俗称《汲冢书》[2]。晋武帝元康年间又于嵩山（今河南登封）下获汉明帝时竹简。《南齐书·文惠太子传》载南齐建元元年（公元479年），襄阳（今湖北襄樊）古楚墓出土竹简《考古记》、《周礼》佚文。唐李德裕《玄怪录》载北周末年居延出土汉简。《南史·

齐高帝纪》载刘宋升明二年（公元 478 年），延陵县（今江苏武进县）吴季札庙井中出土木简一枚。《邵氏闻见录》卷二十七载北宋崇宁初年（公元 1102 年），天都（今甘肃固原西北）出土东汉章帝时草书木简。南宋黄伯思《东观余论》、赵彦卫《云麓漫钞》载北宋政和年间（公元 1111～公元 1118 年），关右出土东汉安帝永初二年（公元 108 年）讨羌檄简。上述历代出土简牍之实物无一保存至今，释文及考证亦极少流传。

20 世纪以来我国简牍有过两次出土高潮，一次是在 20 世纪上半叶中期，再次是 20 世纪下半叶中期及后期，其数量之多、内容之广泛是已往历代发现所无法相比的。19 世纪末至 20 世纪初，瑞典人斯文赫定、贝格曼，英籍匈牙利人斯坦因，日本人桔瑞超等，在我国考察古代遗址并掘获简牍，掠走了许多珍贵的文物。其后，中瑞合组西北科学考察团在居延地区获得大批汉简。1941 年，国立中央研究院组织了西北史地考察团。1942 至 1944 年间，考察团两次赴河西地区，其中 1944 年间夏鼐先生在敦煌小方盘城等三处遗址获汉简四十八枚。

这一时期简牍的整理与研究有王国维、罗振玉、劳干等知名学者出版的一些专著。

20 世纪下半叶，特别是 70 年代中期以后，文物考古事业蓬勃发展，简牍的出土、整理与研究亦呈现强劲的势头。70 年代临沂银雀山汉墓竹简、长沙马王堆汉墓帛书及竹简、居延新简、云梦睡虎地秦墓竹简面世后，国家文物局曾邀请唐兰、张政烺、商承祚、朱德熙、李学勤、裘锡圭等著名学者与各地博物馆的同仁们一起组成若干整理小组。1978 年，在原整理小组的基础上成立了文化部古文献研究室，专门对简牍及敦煌、吐鲁番文书等出土文献进行整理和研究，发表了一大批整理成果，编撰了《出土文献研究》等多种专题论文集。90 年代，中国社会科学院历史研究所成立了简帛研究中心，出版了《简帛研究》及《简帛研究译丛》。甘肃省文物考古研究所设有汉简研究室，不定期出版简牍研究论文集。香港中文大学中国文化研究所建立了简牍帛书电脑资料库。台湾地区，早年设有简牍学会，出版了多期《简牍学报》。台北中央研究院历史语言研究所亦设有简牍组。总言之，20 世纪下半叶简牍研究工作逐渐步入更高的层次。

今见出土简牍大致可分为简牍文书与简牍典籍两大类。20世纪上半叶出土的简牍都是在鄣燧建筑遗址发现的，绝大部分为简牍文书。20 世纪下半叶出土的简牍，其出自建筑遗址者也绝大部分为简牍文书，但出自墓葬者却不乏典籍。依据不同情况，本书在叙述上半叶出土简牍时着重介绍出土整理过程及相关人物，而对下半叶出土简牍除叙述发现过程外，将重点介绍简牍典籍的内容。关于简册制度及简牍文书的内容，则采取综合论述方式。

**注　释**

[1] 王国维《王国维遗书·简牍检署考》，上海古籍书店 1983 年版。

[2] 参见郑有国《中国简牍学综论》，华东师范大学出版社 1989 年版。

附：

# 凡　例

第一，本书引述之简牍释文皆以简体字排版。常用符号及含义如下：

字迹模糊，未能确认的字，以□表示，一字一□。

字迹模糊又未能确定字数及省略之简文，以……表示。

（　）内为说明文字。

原简上的各种符号如●、｜、╱、卩、乙等原则照录并稍加规范。

第二，本书引述较多的简牍书籍，简称如下：

中国社会科学院考古研究所《居延汉简甲乙编》，中华书局 1980 年 7 月版，简称《甲乙编》。

林梅村、李均明《疏勒河流域出土汉简》，文物出版社 1984 年 3 月版，简称《疏》。

谢桂华、李均明、朱国炤《居延汉简释文合校》，文物出版社 1987 年 1 月版，简称《合校》。

睡虎地秦墓竹简整理小组《睡虎地秦墓竹简》，文物出版社 1990 年 9 月版，简称《秦简》。

甘肃省文物考古研究所《敦煌汉简》，中华书局 1991 年 6 月版，简称《敦》。

甘肃省文物考古研究所、甘肃省博物馆、文化部古文献研究室、中国社会科学院历史研究所《居延新简——甲渠候官》，中华书局 1994 年 12 月版，简称《新简》。

连云港市博物馆、东海县博物馆、中国社会科学院简帛研究中心、中国文物研究所《尹湾汉墓简牍》，中华书局 1997 年 9 月版，简称《尹湾》。

林梅村《楼兰尼雅出土文书》，文物出版社 1985 年 2 月版，简称《楼》。

# 一 二十世纪上半叶简牍的出土与整理

## （一）楼兰尼雅出土简牍

楼兰遗址位于新疆巴音郭楞蒙古自治州若羌县罗布泊沿岸，地当古丝路孔道，魏晋时期为西域长史所在，一直沿袭到十六国前凉时期。尼雅遗址位于新疆民丰县北约150公里外的尼雅河下游，东汉魏晋间为鄯善之精绝国属地。前凉海头城遗址位于楼兰遗址西南50公里处，西域长史后期治所，人们习惯于把它归入楼兰地域。20世纪出土之简牍，即始见于上述三处遗址。在发现简牍的考察活动中，影响最大的外国探险家是斯坦因和斯文赫定。

马尔克·奥莱尔·斯坦因（Marc Aurel Stein）系英籍匈牙利人，公元1862年生于匈牙利布达佩斯，曾就读于奥地利维也纳大学、德国莱比锡大学及士宾根大学，获哲学博士学位。公元1884年后又赴英国伦敦大学、牛津大学、剑桥大学深造，开始涉足考古学和东方语言学。公元1888年任拉合尔东方学院院长，1900年经印度政府批准开始进行中亚考察，活动范围达我国新疆、甘肃及印度、巴基斯坦、阿富汗、伊朗等地。斯坦因之中亚考察曾进行三次：首次考察始于1900年5月，由克什米尔出发经帕米尔、色勒库尔、喀什、叶尔羌、皮山、和阗，1901年1月抵达尼雅并发现四十余枚汉文简牍及五百二十四枚佉卢文木牍，后经俄属费尔干纳、撒马尔罕、巴库等地，于 1901 年 7 月返回伦敦。他在伦敦先撰写了《去中国土耳其斯坦从事考古和地形考察的初步报告》一书，后又作更详尽的论述，于 1903、1907 年相继发表《沙漠埋葬的和阗废墟——在中国土耳其斯坦从事考古学和地理学考察的旅行实记》和《古代和阗——中国土耳其斯坦考古调查详尽报告》二书。第二次考察始于 1906 年 4 月，由白沙瓦启程，经伽合罗逝，进入塔什库尔干、喀什，重访和阗、尼雅，12 月到达楼兰并进行大规模发掘。1907 年 3 月赴敦煌，发现大批简牍（详下《敦煌前期汉简》）。1909 年返回伦敦后整理第二次考察所获资料，于 1912 年发表考察纪实《契丹沙漠废墟——在中亚和中国西部地区考察实纪》，迟至 1921 年才写出详尽报告《塞林提亚——在中亚和中国西部地区考察的详尽报告》，法国学者郭鲁柏将此书简写为《西域考古图录》，刊于《远东法兰西学院学报》第 25 卷。第三次考察始于 1913 年，由克什米尔出发，越喜玛拉雅山、葱岭，又达和阗、尼雅、若羌、米兰、敦煌，继而东进向北沿额济纳河至居延，后沿来路回敦煌，经罗布泊、库车、瓦罕谷地，于 1916 年抵达印度。1928 年发表《亚洲腹地——在中亚、甘肃和伊朗东部考察》，1933 年发表《西域考古日记》。1933 年我国学者向达据此书翻译成《斯坦因西域考古日记》，1936 年由中华书局出版发行。斯坦因原计划在中国境内进行第四次考察，但进入新疆哈密后遭我国政府拒绝，未能成行，1943 年 10 月卒于阿富汗。

斯文·赫定（Sven Anders Hedin），瑞典人，公元 1865 年生于斯德哥尔摩，公元 1885 年毕业于斯德哥尔摩普萨拉大学，后赴德国深造。曾进行过两次中亚考察：首次始于公元 1893

年，历四年，其中公元 1894 年跨越新疆塔克拉玛干大沙漠到达塔里木南端的和阗，公元 1897 年回国，发表长篇调查报告《穿越亚洲》。第二次考察始于公元 1899 年，历三年，经俄国进入新疆塔里木，1900 年 3 月抵达著名的楼兰古城，旋即进入藏东，而于一年后复来楼兰发掘，发现三十六张汉文纸文书及一百二十枚木简。1902 年 6 月越过帕米尔高原经俄国回到瑞典斯德哥尔摩，回国后发表《中亚与西藏》的报告。1904 至 1907 年间陆续发表《1899—1902 年中亚考察科学成果》长卷八卷，其中第二卷《罗布诺尔》专门叙述楼兰古城的发掘经过。

此外，与出土简牍相关的又有日本的大谷探险队。该队于 1908 年进行第二次中亚考察，1909 年到达新疆库尔勒，队里的年轻队员桔瑞超在前往核查斯文·赫定发现的楼兰古城遗址途中，于该城西南 50 公里处无意发现了海头故城（当时还误认为是斯文·赫定发现的楼兰故城），掘获了著名的"李柏文书"，计木简五枚，纸文书三十九件。考察成果见于 1915 年大谷光瑞发表的《西域考古图谱》。

据林梅村统计，楼兰、尼雅出土魏晋简牍及汉文纸文书共七百二十八件。包括斯文·赫定第二次中亚考察在楼兰所获二百七十七件，斯坦因第一至第三次中亚考察在楼兰所获三百四十九件、在尼雅所获五十八件，桔瑞超第二次中亚考察在海头古城所获四十四件。

楼兰、尼雅遗址出土简牍与纸文书绝大部分为魏晋时期物。所见纪年以曹魏嘉平四年（公元 252 年）的残纸为最早，以前凉建兴十八年（公元 403 年）的木简为最晚，此外还有曹魏元帝的景元、咸熙，西晋武帝的泰始、怀帝的永嘉年号等。尼雅遗址所出木简见以工整汉隶书写者，或属东汉墨迹。

楼兰、尼雅出土木简与残纸主要是魏晋时期西域长史统辖西域，进行屯戍活动时的公私文书；此外还有《左传》、《战国策》、《孝经》、《急就章》、《九九术》等古籍及各式医方、历谱的残篇断简。文书类别有诏书及下行、平行、上行官文书，出入帐、收付剀券，名册等。内容涉及当时的政治、经济、军事、文化等领域，多少可印证史籍之记载或补其不足。例如《楼》479："将张金部见兵廿一人。大麦二顷，已截廿亩。下床九十亩，溉七十亩。小麦卅七亩，已截廿七亩。禾一顷八十五亩，溉廿亩，莇九十亩。将梁襄部见兵廿六人。大麦六十六亩，已截五十亩，下床八十亩，溉七十亩。小麦六十二亩，溉五十亩。禾一顷七十亩，莇五十亩，溉五十亩。"反映了楼兰屯兵的编制及屯田的情况。《楼》235："□入三百一十九匹，今为往人买綵四千三百廿六匹。"所载丝织物买卖数量甚大，从一个侧面反映当时丝路之繁荣。《楼》684、678："晋守侍中大都尉奉晋大侯亲晋鄯善、焉耆、龟兹、疏勒……"、"于真王写下诏书到。"表明西域诸国受晋廷册封官衔，接受西晋之统辖。海头遗址出土的"李柏文书"则集中反映了前凉西域长史李柏的活动情况，如《楼》623："五月七日海头西域长史（关内）侯李柏顿首、顿首……"。又《楼》625、626、627、628："五月七日西域长史关内侯李柏五……"、"达海头……命慰劳……诚惶诚恐"、"逆贼赵……"、"……尚书。臣柏言焉耆王龙……月十五日共发……"。与《晋书·张骏传》所载"西域长史李柏请击叛将赵贞，为贞所败，议者以柏造谋致败，请诛之"史实相合，又补充了李柏到海头后曾与焉耆王联系共谋发兵攻打赵贞事。

楼兰、尼雅出土简牍与纸文书为多人多次发掘所获，其整理过程历经漫长的岁月。斯文赫定第二次中亚考察所获汉文木简及纸文书，开始时曾委托德国学者希姆莱（Karl Himly）进行整理，最后是由另一位德国学者孔好古（August Conrady）完成，并于1920年发表《斯文赫定在楼兰发现的汉文写本及零星物品》一书。斯坦因三次中亚考察所获汉文简牍及纸文书则委托法国学者沙畹（Edouard Chavannes）进行整理。沙畹首先整理了斯坦因第一次考察在尼雅等地所获，撰成《丹丹乌里克、尼雅、安迪尔发现的汉文文书》一文，附在《古代和阗》一书中，于1907年出版。而后进一步整理了斯坦因第二次考察尼雅、楼兰所获，于1913年发表了《斯坦因在土耳其斯坦沙漠发现的汉文文书》。1917年沙畹去世，继由马伯乐（Henri Maspero）整理斯坦因第三次中亚考察所获汉文文书，迟至1953年才发表《斯坦因第三次中亚考察所获汉文文书》。1915年，大谷光瑞发表《西域考古图谱》一书，收录桔瑞超等人在楼兰海头所获汉文木简及纸文书的图版与部分释文（图版又见于1931年日本出版的《书道全集》〈三〉）。1914年，我国学者王国维和罗振玉合著《流沙坠简》一书。王国维在此书《补遗》中考释了斯坦因在尼雅所获汉文文书，又于《附录》中考释日本大谷探险队在海头所获"李柏文书"，但他们始终没有见到孔好古和马伯乐整理的那部分资料（约占总数的一半）。1925年，我国留法学者张凤回国后依据从马伯乐处得到的斯坦因第三次中亚考察所获简牍照片，及沙畹《斯坦因在土耳其斯坦沙漠发现的汉文文书》所附斯坦因第二次考察所获简牍的照片，进行整理与释文，于1931年发表了《汉晋西陲木简汇编》一书。以上诸书，皆未能收录全部楼兰、尼雅所出汉文简牍及纸文书。直至1985年，同仁林梅村才综合上述成果，把各家刊布的文书编号与原报告出土号逐一核对，纠正其中的错误，将原著录一号多件者分成一件一号，对原整理的释文重新进行校订，出版《楼兰尼雅出土文书》一书，还撰写了《楼兰尼雅遗址概述》附于释文前。此书所收当属最多，不过由于原件已分落各处，故亦难确定是否已集齐。

## （二）敦煌前期汉简

甘肃敦煌及其周边地区（包括酒泉在内的疏勒河流域沿岸）出土的汉代简牍，人们俗称之为"敦煌汉简"。本段所述为 20 世纪上半叶出土的敦煌汉简，故称"前期"，以区别于下半叶出土者。斯坦因始于 1906 年的第二次及始于 1913 年的第三次中亚考察曾深入甘肃西部地区，沿疏勒河流域考察并发掘了汉代长城遗址，获得一千余枚汉代简牍（其中有少量帛书及纸文书）。1920 年，周炳南在敦煌小方盘城玉门关外的沙碛上发现木简十七枚（仅有一枚完整）。1944 年，前中央博物馆、中央研究院、北京大学文科研究所共同组织了西北科学考察团，当年 10 月，领队之一的夏鼐偕阎文儒沿斯坦因走过的玉门关、阳关一线考察，11 月夏鼐在敦煌小方盘城北发现无字木简二枚、有字残简四枚，接着在斯坦因编号敦 17 的遗址获简牍三十八枚、在敦 23E 的小屋遗址中发现木楬六枚，共获有字简牍四十八枚。以上四批疏勒河流域出土的简牍，绝大部分为汉代遗物，所见最早年号为西汉武帝天汉三年（公元前 98 年），最晚年号为东汉顺帝永和二年（公元 137 年），尚见西汉宣帝、元帝、成帝、平帝、孺子婴、新莽及东汉光武帝、明帝、章帝、安帝、顺帝年号，有极少量简的用语及书法风格与汉简有区别，疑为东汉以后物。由于上述简牍大多出于部隧遗址，故其内容大多与屯戍活动相关。常见者有烽火品约，如《疏》691："望见虏一人以上入塞，燔一积薪，举二烽；夜二苣火。见十人以上在塞外，燔举如一人□□。望见虏五百人以上若攻亭部，燔一积薪，举三烽；夜三苣火。不满二千人以上，燔举如五百人同品。虏守亭部燔举，昼举亭上蓬，夜举离合火，次亭道和燔举如品。"传递烽火的记录，如《疏》131："七月乙丑日出二干时，表一通至莫，夜食时苣火一通，从东方来。"传递邮书的记录，如《疏》357："入西蒲书二封。其一封文德大尹章诣大使五威将莫府，一封文德长史印诣大使五威将莫府。始建国元年十月辛未日食时关啬夫□受□戍卒赵彭。"日迹符券，如《疏》737："四月威胡隧卒旦迹西与玄武隧迹卒会界上刻券。"又《疏》225："正月乙卯候长持第十五符东迹。"勤务统计，如《疏》89："二人积墼五千五百六十，率人二千七百八十墼。"又《疏》667："己酉骑士十人。其一人为养，其一人候，八人作墼，凡墼千二百。"有些简牍对研究当时的政治经济具重要参考价值，如《疏》480："言律曰：畜产相贼杀，参分偿，和。令少仲出钱三千及死马骨肉付循请平。"是一则珍贵的民法资料，可补史籍所缺。

敦煌前期汉简的整理亦历经不断完善的过程。斯坦因第二、三次中亚考察所获敦煌汉简先由法国汉学家沙畹进行整理。其中第二次考察所见，发表于沙畹所撰《斯坦因东土耳其斯坦沙漠发现的汉文文书》中。第三次考察则因沙畹去世，继而由其高足马伯乐进行整理，迟至 1953 年才公布于《斯坦因第三次中亚考察所获汉文文书》一书中。1912 年，侨居日本的罗振玉、王国维二氏得到沙畹所撰书，便据之进行再整理并做了详细考证，于 1914 年在日本出版了《流沙坠简》一书。此书在当时的学术界产生重大影响。《流沙坠简》之简牍图版与释文未按出土地点排列，而是按文书性质进行分类。全书分图版与释文两大部分，每部皆分：一、小学术数方技书。二、屯戍丛残。三、简牍遗文三大类。考释部分每类标题加"考释"二字，第一、三由罗振玉执笔，第二由王国维撰成。《小学术数方技书考释》又分"小学类"、"术数类"、"方技类"，所含典籍有《苍颉》、《急就篇》、《力牧》、《算术》、《阴阳》、《占书》、《相马经》、《兽医方》及历谱等（图一所见即为《急就篇》第一章部分文字，文字书于截面为三角形的觚上）。《屯戍丛残考释》又分为"簿书类"、"烽燧类"、"戍役类"、"廪给类"、"器物类"、"杂事类"。《简牍遗文考释》所见绝大多数为书信，既有写在木简上的，又见书于缣帛及纸张者。作者在书中不仅考校文字，诠释词语，还对与之有关的汉晋制度进行考证，其中对遗址性质、长城走向、鄣燧布局、西域史地、行文关系及文书制度的研究，至今仍有重要的参考价值，代表了当时的最高水平，是中国简牍学的奠基之作。前文所述张凤《汉晋西陲木简汇编》收录的二百多枚简牍中，有一百六十余枚出自敦煌，其中有些是马伯乐《斯坦因第三次中亚考察所获汉文文书》未收录者，弥足珍贵。《汉晋西陲木简汇编》分初编与二编，初编是沙畹考释过的简牍，二编是马伯乐书中所无，张凤详加考释。1984 年，我和林梅村逐枚校读了上述除周炳南所获之外的敦煌汉简，纠正了前人在编号方面的错误。释文按出土地点由西向东、每一地点又按出土号由小到大排列，撰成《疏勒河流域出土汉简》一书，1984 年由文物出版社出版发行。

　　用日约少诚快意怒力修义有意请道其章宋延丰
　　急就奇觚与众异罗列诸物名姓字分别部居不稵虑

## （三）罗布淖尔汉简

　　1927年4月，中国与瑞典联合组成中国西北科学考察团。中国方面以徐旭生为团长，团员有黄文弼、龚元忠等十人；瑞典方面以斯文赫定为团长，团员有瑞典人拉尔生（Larson）、丹麦人哈士伦（Haslund）、德国人赫德（Hande）等十七人。1927年5月至1933年间，考察工作断断续续进行。其中1930年2月，中方队员黄文弼在罗布淖尔的默得沙尔发现汉代木简七十一枚，这是新疆地区发现的年代较早的简牍，最早的纪年为西汉宣帝黄龙年号，较晚的是西汉成帝元延年号。这批简牍首次公布于黄文弼撰写的《罗布淖尔考古记》一书之第四篇，名《木简考释》，分以下专题：一、释官。二、释地。三、释历。四、释屯戍。五、释廪给。六、释器物。七、释古籍。八、杂释。九、简牍制度及书写。这批简牍记载的西域职官中武职甚多见，为研究西域都护、戊己校尉、部曲编制提供了第一手资料。如黄文弼考证云："戊己原为两部：戊部居车师前部，在乌垒之左；己部居龟兹城南，在乌垒之右，则简文之左右二部，亦即《后汉书》

图一　敦煌烽燧遗址出土的《急就章》摹本

之戊己二校。"简文见"车师戊校"即证戊校居车师。简文屡见"居卢訾仓",尤其一函封见"居卢訾仓以邮行"的记载,估计出简之默得沙尔当设有名叫"居卢訾仓"的仓储。简牍尚见各式通行文书及日记、器物簿、校士名籍、历谱等。这批简牍的释文亦收入笔者和林梅村合编之《疏勒河流域出土汉简》附录。

## (四) 居延前期汉简

居延汉简乃指今额济纳河流域鄣隧遗址出土的汉代简牍,这些鄣隧在汉代分属于居延都尉与肩水都尉。1927 年中瑞合组之西北科学考察团成立后,团员黄文弼于额济纳河畔的葱都尔捡得汉简数枚,这是居延汉简出土之始。1930 年,中瑞西北科学考察团再次进入额济纳河流域,瑞典籍团员贝格曼首先发现大批简牍。这次考察,范围在北起宗间阿玛、南至毛目约 250 公里及布肯托尼至博罗松治约 60 公里间,共发掘了三十二处遗址,开挖了五百八十六个坑位,其中二十处四百六十三个坑位出简、十二处无简,获简总数达一万余枚,是 20 世纪上半叶出土数量最多的一批,震惊海内外。出土简牍较多的地点有大湾、地湾和破城子三处,计大湾一千五百枚、地湾二千枚、破城子五千二百一十六枚。关于这次考察发掘的情况,详见 1956 至 1958 年间索马斯特勒姆(B. Sommarström)在瑞典出版的《内蒙古额济纳河流域考古报告》上、下册。

居延前期汉简的年代,绝大部分为西汉武帝末至东汉光帝中期,亦见少量东汉中期简。所见最早纪年是太初二年(公元前 103 年,内容系追述),晚者见东汉和帝永元年号。

居延前期汉简的内涵非常丰富。就外观而言有简、牍、觚、检、楬等。其内容涉及社会生活的各个方面，大部分仍与屯戍相关。简牍所见诏书的记载反映政制及政局的变化发展，如《合校》225·32、312·6："……室，以土德代火家□"、"王路堂免书。初始元年十一月壬子"。所云为新莽班符命事。土德代表新莽，见《汉书·王莽传》所引符命总说，其中一段文字云："武功丹石出于汉氏平帝末年，火德销尽，土德当代，皇天眷然，去汉与新，丹石始于皇帝。"关于使用符券的诏令，如《合校》349·16、333·12、332·2、179·5："……而亡符及折"、"从第一始，大守从第五始，使者符合乃……"、"……符令。制曰：'可'。孝文皇帝七月庚辰下，凡六十六字"。与史籍相印证，见《汉书·文帝纪》："初与郡守为铜虎符，竹使符。"应劭注："铜虎符，第一至第五，国家当发兵，遣使者至郡合符，符合乃听受之。竹使符，皆以竹箭，五枚，长五寸，镌刻篆书第一至第五。"提醒边关将士强化警戒的清塞诏书尤多见，其行下文大多包含在警檄中，语气通常较急切，如《合校》12·1："诏书清塞下，谨候望，备烽火，虏即入，料度可备中，毋远追为虏所诈。""禁止行者，便战斗具，驱逐田牧畜产，毋令居部界中，警备毋为虏所诳利，且课毋状不忧者，劾尉、丞以下，毋忽如法律令。"关于律令文，如《合校》395·11："捕律：禁吏毋夜入人庐舍捕人，犯者其室殴伤之，以'毋故入人室'律从事。"还有许多法令适用于局部范围或地区，如关于候长、候史、士吏秋天进行射箭考核的《功令第卅五》，关于奖励候长、候史日迹的《北边挈令第四》，关于爟举烽火的《烽火品约》，关于守御器配置的《守御器品》。数量最多的还是来往公文及用于统计、会计的各种账簿和名册。劳干早年撰《居延汉简考证》，曾按所涉及内容设小标题，计有：（甲）简牍之制：封检形式、检署、露布、版书、符券、契据、编简之制。（乙）公文形式与一般制度：诏书、玺印、小官印、刚卯、算赀、殿最、别火官、养老、抚卹、捕亡、刺史、都吏、司马、大司空属、地方属佐、文史与武史、期会、都亭部、传舍、车马、行程。（丙）有关史事文件举例：汉武诏书、五铢钱、王路堂、王莽诏书用月令文、西域、羌人。（丁）有关四郡问题：四郡建置、禄福县、武威县、居延城、居延地望。（戊）边塞制度：边塞制度、烽燧、亭鄣、坞堡、邸阁、兵器、屯田、将屯、农都尉、罪人徙边、内郡人与戍卒、边塞吏卒之家属、雇佣与"客"。（己）边郡生活：粮食、谷类、牛犁、服御器、酒与酒价、塞上衣着、缣帛、襜褕、社、古代记时之法、五夜。（庚）书牍与文字：书牍、"七"字的繁写、《苍颉篇》与《急就章》。足以说明居延汉简涉及内容之广泛。

　　居延前期汉简的整理屡遭磨难，前人曾为之前仆后继，奋斗不已。1931 年 5 月，简牍运抵北京，起初由中国学者马衡、刘半农及瑞典学者高本汉、法国学者伯希和进行清理。1934 年刘半农去世后，劳干、向达、贺昌群、余逊、傅明德、傅振伦先后参加。他们将竹简的附土清除，按出土地点进行编号、拍照，并做了初步释文。而后日寇侵略，无法在北京工作，简牍实物在沈仲章、徐森玉、蒋梦麟、袁同礼、胡适等人的帮助下，历经曲折，经天津、青岛转运至香港，暂藏于香港大学。日寇继续南侵，1940 年间简牍实物再次远渡太平洋，运至美国，藏于国会图书馆。1965 年，由胡适经手，原件运回台湾，现存于台北南港中央研究院历史语言研究所。关于居延前期汉简的整理成果，早年贺昌群曾撰成《居延汉简释文稿本》，马衡也写成了《居延汉简释文稿册》及《居延汉简释文笺》二稿。日寇入侵时，汉简的原版照片两次被战火所毁，只有马衡和劳干还各自保留不完整的照片。值得一提的是，在战火纷飞的艰难岁月里，劳干仍不屈不挠地坚持工作，根据自己手中的反体照片，完成了大部释文，于 1943 年在四川南溪石印出版了《居延汉简考释·释文之部》，1944 年出版了《居延汉简考释·考证之部》。1949 年，《居延汉简考释·释文之部》由上海商务印书馆出版铅印本。1957 年，又在台湾出版《居延汉简——图版之部》，1960 年出版《居延汉简——考释之部》，书中的图版是依据反体照片翻拍的，释文和考证都有所修正和补充。1959 年，中国科学院考古研究所在陈梦家的主持下，依据马衡保存的一百四十八版图版（约二千五百余枚简牍），出版了《居延汉简甲编》。1980 年，中国社会科学院考古研究所又在《居延汉简甲编》的基础上，参考劳干《居延汉简——图版之部》及索马斯特勒姆《内蒙古额济纳河流域考古报告》二书，编撰出版了《居延汉简甲乙编》。《居延汉简甲乙编》除了图版与释文之外，又增加若干附录与附表，包括：《居延汉简的出土地点与编号》、《额济纳河流域障隧述要》、《额济纳河流域汉代亭障分布图》、《居延汉简出土地点表》、《居延汉简标号表》、《居延汉简竹简、木觚、札屑表》、《释文未收简号表》、《木件、木橛表》等。1981 年，台北简牍学会马先醒等在劳干《居延汉简》图版及释文之部的基础上，对释文做了校订与补充，在《简牍学报》第 9 期以专刊的形式刊布《居延汉简新编》。1987 年，笔者和谢桂华、朱国炤也在《居延汉简甲乙编》的基础上做了释文校订，由文物出版社出版了《居延汉简释文合校》上、下册。1988 年，台北中央研究院历史语言研究所成立简牍整理组，对藏于该所的居延汉简重新进行整理，工作中利用了红外阅读仪及电脑，1998 年公布了阶段性成果《居延汉简补编》，收录了劳干《居延汉简》图版之部及考释之部未收或刊布不全的部分，还包括居延地区以外的一些简牍，计有：一、劳书未发表者。二、劳书有释文，缺漏图版者。三、台北图书馆所藏居延汉简。四、1930、1934 年黄文弼发现，现藏于该所的五十八枚罗布淖尔简。五、1944 年夏鼐、阎文儒在敦煌小方盘城北郭小丘上所掘，现藏于该所的七十六枚汉简。六、1945 年 11 月夏鼐、阎文儒于武威南山剌麻湾所获，现藏于该所的七枚木简。

## （五）新疆各地出土的佉卢文简牍

佉卢文简牍的应用时当中原汉晋时期，亦为简、纸并用，通行于于阗、鄯善等塔里木盆地诸国。19 世纪末，我国新疆已有佉卢文资料出土，但仅限于佛经及汉、佉二体钱币。佉卢文简牍及纸文书的大量出现是 20 世纪初才开始，斯坦因三次中亚考察所获、业经整理编号者约千件，已著录发表的有七百七十八件，其中七百二十一件出自尼雅遗址，四十八件出自楼兰遗址，六件出自安迪尔遗址，三件出自敦煌汉长城遗址。上述资料，于 1920 至 1929 年间由欧洲语言学家波叶尔、拉普逊、塞纳和诺布尔进行解读，发表了三卷本《斯坦因爵士在中国土耳其斯坦发现的佉卢文书集校》。1930 年斯坦因计划进行的第四次中亚考察虽未能完程，但他在进入尼雅遗址时已发掘出十八枚佉卢文木牍，行至哈密时才被地方当局阻止。1937 年，英国人巴罗据照片释读了斯坦因所获十八枚木牍，于《伦敦大学东方与非洲研究院院刊》刊载《尼雅新出佉卢文书》一文。斯坦因所获佉卢文资料现藏英国国家图书馆藏书楼。

1901年3月，瑞典探险家斯文赫定在楼兰掘获一枚佉卢文木牍，又一件汉文纸文书的背面写有佉卢文。英国人拉普逊解读了这两件文书，其文收入德国人孔好古所著《斯文赫定在楼兰发现的汉文文书及零星文物》一书中。此牍现藏斯德哥尔摩瑞典人种学博物馆。

1905年，美国地质学考察队享廷顿等人在尼雅获六枚佉卢文文书，交由英国学者托马斯解读，其文收入波叶尔等《斯坦因爵士在中国土耳其斯坦发现的佉卢文书集校》第三卷中。文书原件藏于美国洛杉矶享廷顿图书馆。

1907年1月，法国考察队伯希和在新疆库车考察时，于苏巴什遗址掘获一批龟兹变体的佉卢文资料，至今未整理，现藏法国巴黎国立图书馆。

1902至1914年间，日本大谷探险队曾掘获不少佉卢文文书，数量未详，仅于1915年出版的《西域考古图谱》中公布了桔瑞超发现的一件。1985年龙谷大学图书馆出版的《大谷探险队西域文化资料选》中又刊布了几件。

1902至1914年间，德国探险队格伦韦德尔和勒柯克在新疆古丝路北线考察，亦曾于塔克拉玛干北部发掘大批佉卢文文书，未发表。

80年代中期，林梅村系统地整理了新疆地区出土的佉卢文资料，1988年由文物出版社出版其成果《沙海古卷——中国所出佉卢文书》初集。此集亦谈及20世纪下半叶出土的佉卢文资料，计有：

1959年10月，新疆博物馆考古队于尼雅遗址又获六十六

件佉卢文文书，林梅村《新发现的几件佉卢文书考释》（1986
年中亚文化研究协会学术座谈会论文）谈及其中七件。同年又
于新疆巴楚脱库孜沙来古城发现一枚佉卢文木牍。

70 年代初，中国科学院沙漠研究所河西走廊沙漠考察队
在新疆塔里木盆地南缘发现数百枚佉卢文木牍露出地表，仅拣
回四十余枚作植物标本。

1980 年 4 月，新疆社会科学院考古研究所于罗布泊地区
获一枚佉卢文木牍及写有佉卢文的织锦。

1981 年，兰州大学吴景山于尼雅遗址获佉卢文木牍一枚，
1984 年由黄盛璋托美国学者邵瑞祺解读，其文刊于《新疆社会
科学》1986 年第 3 期。同年，新疆民丰县李学华、新疆博物馆
和田地区文管所联合考察队分别获一批佉卢文木牍等。

林梅村在《沙海古卷》一书中按出土地点及来源把收集到
的佉卢文资料分为四类：一、古代于阗国文书：（1）和田绿洲
及附近地区出土的汉、佉二体钱。（2）和田某古代遗址发现的
佉卢文《法句经》残卷。（3）安迪尔河流域安迪尔遗址发现的
于阗佉卢文书。二、古代鄯善国文书：（1）尼雅河流域尼雅遗
址出土的佉卢文木牍、残纸和帛书。（2）安迪尔河流域安迪尔
遗址出土鄯善佉卢文书。（3）米兰塔庙古代遗址出土写有佉卢
文的织物。（4）米兰寺院遗址发现的佉卢文题记。（5）罗布泊
西岸楼兰遗址和墓葬出土的佉卢文木牍、残纸、帛书及写有佉
卢文的汉锦。三、古代龟兹国文书：库车苏巴什佛教遗址发现
的佉卢文碑铭、纸文书和木牍文书。四、其他：（1）洛阳某寺
院遗址的佉卢文碑铭。（2）敦煌汉代长城烽燧遗址出土的佉卢
文帛书。（3）巴楚脱库孜沙来古城附近发现的佉卢文木牍。
《沙海古卷》一书还按文字资料自身的性质分类解读，计有：

（1）国王敕谕。（2）籍帐。（3）信函。（4）题记。（5）碑铭。
（6）契约。（7）文学作品。（8）官府文书。（9）其他文书。
（10）汉、佉二体钱。初集收录前五种，后五种拟编入续集。
该书除以汉字释文外，还以拉丁文转写。书后附有地名、行政
区划、职官及爵号译名表。

# 二 二十世纪下半叶简牍的出土与整理

20 世纪下半叶，随着国家经济建设的发展和文物考古工作的进步，出土简牍的数量及整理的质量皆有大幅度提高。其出土地域涉及全国大部分地区，北京、河北、河南、湖北、湖南、广西、江西、江苏、山东、内蒙古、陕西、甘肃、青海、四川、新疆、安徽皆有出土。简牍的时代自战国、秦、汉延续至魏晋。简牍的性质，除文书外，还出现大量的典籍。这些简牍大都经过科学发掘，出土层位明确，简牍保护的措施严密得当。篇幅所限，以下仅详解其中批量较大或内容较重要者，散见者略述一、二而已。

## （一）望山楚简

望山楚简为湖北江陵望山 1、2 号楚墓所出竹简。1965 年秋，湖北省文物考古研究所为配合漳河水库二干渠工程建设，在江陵八岭山古墓区进行调查与勘探。当年冬至次年春，发掘了八岭山左脉东北麓的望山与沙塚的四座楚墓，其中望山 1号、2 号楚墓共出土竹简二百七十二枚。

1 号墓竹简出于边箱东部，叠压在器物下，残断较甚，出土时呈深褐色。残简最长者为 39.5 厘米，最短者仅 1 厘米多，一般在 10 厘米以下，宽约 1 厘米，厚 0.1 厘米左右，制作较精致，简侧多有三角形契口用以固定编绳，据残存痕迹判断，原册当以三道丝绳编联。文字书于篾黄面，出土时大部清晰，每简书字多寡及字距疏密不等，多者三十余字，少者仅一字，一般为五至十五字之间。简文凡一千零九十三字，书写工整，似出于多人之手。经拼接竹简最长者达 52.1 厘米，共编 207号。竹简内容主要为墓主的卜筮祭祷记录，其格式通常先记卜筮时间，再记卜筮工具、所问事项、卜筮结果，最后载墓主为求福去疾的祭祷措施。据简文分析，墓主是楚悼王的曾孙悊固，所祭先王为史书所载楚简王、楚声王、楚悼王。简文显示墓主患有心疾、首疾、胸疾及足骨病等，祭祷活动主要是为墓主治病驱祟。卜筮内容有三：一、关于出入侍王。二、关于墓主仕进升官。三、关于疾病吉凶。所见贞人及卜筮工具甚多。记卜筮时间只有少量把某年某月某日写全，大多数未记年名，而只记月名、日名或仅记日名。现存简文分属两年所记。这批楚简是首次出土的有关楚国的卜筮祭祷资料，对研究楚国风俗具有重要的参考价值。

2 号墓竹简置于随葬品之上，未被叠压，故有五枚保存较完好，但编绳已朽烂，许多简曾随浸水四散漂动，且已残断，经拼接缀合，共编为 66 号。整简最长者 64.1 厘米，残简最短不足 1 厘米，一般多在 4 至 10 厘米左右，宽 0.6 至 0.67 厘米，厚 0.1 至 0.16 厘米。竹简的竹黄一侧边缘有三角形契口，用以固定编绳，完整简所见编纶为二编，先写后编。文字皆书于篾黄，留天地未书字，每简多者七十三字，少者三四字，简文共有九百二十五字，书体工整，笔迹不尽相同，当出自多人手笔。竹简内容为遣册，所记随葬品达三百二十种之多，许多器名不见于文献，它为考定当时楚国各类器物的名称提供了文字资料。简文所记器物，有一部分与墓中随葬品吻合，有些则与器物相符而数量不同，另有一些是仅见简文而未见出土实物、或有实物而简文未载。

上述两批楚简出土后因"文化大革命"而未得到及时整理，直至 70 年代整理工作才恢复，1976 年完成初稿，1978 年最后定稿。由湖北省文物考古研究所、北京大学中文系合编的《望山楚简》1995 年由中华书局出版，书中附有墓葬及简牍情况概述，亦对竹简内容作了较详细的考证。1995 年山东齐鲁书社出版的《战国楚简汇编》和 1996 年文物出版社出版的《江陵望山沙塚楚墓》二书，也收录了这两批竹简的内容。

## （二）包山楚简

1987 年初，湖北省荆沙铁路考古队为配合荆（门）沙（市）地方铁路，在战国楚故都纪南城北 1.6 公里的荆门十里铺镇王场村包山岗发掘五座战国中晚期楚墓，其中 2 号墓位置最显著、规模最大、保存最好，墓中出土竹简四百四十八枚，其中有字简二百七十八枚，竹牍一枚。这批简分别出自该墓东、西、南、北诸室，计东室八枚，系遣册；南室十七枚，亦为遣册；西室一百三十五枚，其中一百二十八枚无字，一枚为文书简，六枚遣册；北室二百八十八枚，分二束，其中五十七枚为卜筮祭祷简，二百三十一枚为司法文书，另有一枚竹牍。竹简呈黄褐色，经去节杀青、刮削整治而成。其中卜筮祭祷记录和文书简加工精细，而遣册的制作较为粗糙。大部分竹简于黄面一侧刻一至三个小契口用以固定编绳。从契口部位残存的丝线痕迹考察，竹简是先写字再编联。文字大多书于竹黄面，只有少数书于竹青面。部分遣册留有天地，其他竹简则顶天立地书写，不留空白。从字迹及书写习惯分析，这些简当属多人所为。竹简长宽因内容不同而略有区别，其中遣册最长，约在72.3 至 72.6 厘米、宽 0.8 至 1 厘米。少量遣册较短且窄，有的长仅 68 厘米、宽 0.75 厘米。卜筮祭祷简的长度有三种：一种长 69.1 至 69.5 厘米，另一种长 68.1 至 68.5 厘米，再一种长 67.1 至 67.8 厘米，宽度约在 0.7 至 0.85 厘米之间，个别达 0.95 厘米。每简字距疏密不一，最多达九十二字，一般为五十至六十字，最少者仅二字，还有些墨书符号。简背书有文字的凡二十四枚，大多与正面内容相关。篇题多书于简背，字形较大，皆为文书类篇题。该墓墓主为楚左尹邵㡿，下葬于公元前 316 年楚历 6 月 25 日，生前正值楚怀王当政时期，主管过楚国的司法工作。

包山楚简涉及的内容比较广泛，文书格式前所未见，是研究楚国制度及风俗习惯珍贵的第一手资料。大体而言，这批简可分为文书简、卜筮祭祷记录及遣册三大类。文书简见《集箸》、《集箸言》、《受期》、《疋狱》四个标题。《集箸》是关于查验名籍的记录。《集箸言》是关于名籍纠纷的诉讼，《受期》是受理、审理各种诉讼案件及初步判决结论的摘要记录。《疋狱》是关于起诉的简要记录。另有一些文书简未设标题，整理者将其分为三组：第一组是有关官员奉楚王之命以黄金和砂金籴种的记录，其后附有诸官员应为各地贷黄金或砂金数目的明细账。第二组是呈送给左尹的关于一些案件的案情与审理情况的报告。第三组是各级司法官员经手审理或复查的诉讼案件的归档登记。由简文所见可知楚国各级司法官员的设置：朝廷主管司法的官员是左尹，县政府司法官员为司败，县正也参加案件的审讯，司马及莫敖有权审理。封君及中央政府的职能部门也设司败，负责所在地区、所在部门的司法工作。一些疑难案件，左尹乃至楚王亲自过问。审讯时，原告和被告均须到场，双方可陈述己见。证人在作证之前都要宣誓。简文亦反映楚国有严密的户口管理制度，建有从登记、建档、查验到处罚等的一系列规定。常见的楚国朝廷官员有令尹、左尹、左司马、右司马、大莫敖、工师、大司败等，常见的地方官员有县正、司败、少司败、司马、连敖、莫敖、尹、太师、少师、工尹、司城、左乔尹、大迅尹、少宫、州加公、里公、里正等。简文所涉及地名东有邾、鄅、郯、越异等，北有下蔡、陈、郙、新都、宜阳、鲁阳、鄀、安陵等，南有鄂、随、邓、阴、邔、安陆等，为研究战国中晚期楚国的疆域提供许多新资料。

卜筮祭祷简五十四枚，可分二十六组。各组按贞问或祭祷时间顺序排列，每组一至五枚不等，记一事。内容皆为墓主贞问吉凶祸福及请求鬼神给先人赐福、保佑，可分卜筮与祭祷两类。卜筮辞包括前辞、命辞、占辞及第二次占辞。前辞含卜筮时间、贞人名、卜筮用具和求贞者姓名；命辞贞问事由，贞问的事情主要是左尹邵�出入宫廷是否顺利，何时获得爵位及疾病吉凶；占辞是根据卜筮结果作出的判断，用卜据龟甲之兆裂判断，用筮则依卦象判断，一般先指出长期的吉凶情况，然后再判断近期之休咎。祷辞是求鬼神保佑和赐福之辞，意在解除近期内的忧患。第二次卜辞是在祭祷鬼神之后，根据鬼攻的指示所作的判断之辞。有的卜筮记录省去记时或无祷辞。这批简中还有一些贞卜的卦画，但没有卦画的名称，亦无解辞。祭祷简数量较少，格式简单，一般分前辞和祷辞两部分。前辞含祭祷时间及祭祷人，记时方法与卜筮同。祷辞记祭祷对象与种类。祭祷对象分鬼神和先祖两大类：鬼神包括各种神祇、山川、星辰，如二天子、司禓、地主、后土、司命、大水、宫、社、行、人禹、不殆、高丘、下丘、司命等；先祖含远祖与近祖。远祖有老僮、祝融、媸酓、熊绎、武王等，近祖有昭王、文坪夜君、邵公子春、司马子音、蔡公子豪等。

遣册与随葬器物放在一起，分四组，所记皆为随葬物品。第一组记食品与食器，食品大致有肉、鱼、瓜果、蔬菜、菹菜、粮食六类，每种食品皆记数量与盛装器的名称。第二组记青铜祭器与漆木器。青铜祭器以盛牲器领头，其下为沃盥器、酒器、盛食器、澡手器、蒸食器。木祭器以陈羹、陈酢器居前，载牲、陈食器继后，五祀之木主位最后。第三组为车马器、兵器。第四组记墓主常用衣物什器，计有冠饰、衣物、鞋、梳妆用品、床、枕、几、扇、席、灯。竹牍一枚，记受葬车一辆。简文涉及的七个年份，皆以事纪年，代月名与序数月名共用，以干支纪日。

1991 年，文物出版社出版了湖北省荆沙铁路考古队编《包山楚墓》与《包山楚简》二书。1996 年 8 月，武汉大学出版社出版了陈伟著《包山楚简初探》，该书在考释竹简文字的基础上，对楚国制度作了较系统的分析。

## （三）郭店楚简

郭店楚简是湖北省荆门市郭店 1 号楚墓所出竹简。该墓位于南距楚国古都纪南城约 9 公里的荆门市沙洋区四方乡郭店村楚国贵族墓地群中，是一座土坑竖穴木椁墓，从遗存的铜铍、龙形玉带钩、七弦琴、漆耳杯、漆奁的形态及纹饰看，具有明显的战国时期楚文化的风格，发掘者推断该墓为战国中期偏晚的楚墓。1993 年间该墓曾两次被盗，荆门市博物馆在报请文物主管部门同意后，遂于 10 月进行抢救性发掘，清理出各式礼器、生活用具、兵器、车马器、丧葬器、乐器、工具、装饰品、竹简等，按质地包括铜器、陶器、漆木器、竹器、铁器、玉器、骨器等。另外从盗洞扰层中获铜匜一件、节四件。最引人注目的是该墓出土了八百零四枚竹简。可惜经盗墓者扰乱，竹简不免有残损与缺失。

竹简的外形可分两类：一类竹简两端平齐，另一类竹简两头呈梯形。简长大至有三种：第一种长 32.5 厘米左右，第二种长 26.5 至 30.6 厘米，第三种长 15 至 17.5 厘米。第一、二种简的一侧上、下各有小契口，用于固定编绳，则所设编绳当为两道；第三种简上、中、下有契口，所设编绳当为三道。

竹简字体有明显的楚系文字特征，典雅秀丽，由专门的人书写，总字数约一万三千余字。由于竹简出土时已散乱，整理者尽了最大的努力，依据竹简的形制、书体和文意分篇、系联，尽管不可能完全恢复原貌，但仍归纳出多篇古书，拟加了标题。古书中有两种是道家学派的著作，其余为儒家学说，其中许多与今本之篇章结构及次序有较大差别，文词也不尽相同。

简本《老子》甲、乙、丙三种，是迄今所见年代最早的《老子》传抄本。《老子》甲种凡存三十九简。简之两头呈梯形，长 32.3 厘米，两道编绳。内容分别见于《老子》的第十九章、六十六章、四十六章中段及下段、三十章上段及中段、十五章、六十四章下段、三十七章、六十三章、二章、三十章、二十五章、五章中段、十六章上段、六十四章上段、五十六章、五十七章、五十五章、四十四章、四十章和九章。《老子》乙种凡存十八简。简之两端平齐，长 30.6 厘米，两道编绳。内容见于今本第五十九章、四十八章上段、二十二章上段、十三章、四十一章、五十二章中段、四十五章、五十四章。《老子》丙种凡存十四简。竹简两端平齐，长 26.5 厘米，两道编绳。内容见于今本的第十七章、十八章、三十五章、三十一章中段和下段、六十四章下段。《太一生水》为一篇佚文，凡十四简。竹简两头平齐，长 26.5 厘米，两道编绳，形制及书体与《老子》丙种相同，故整理者认为它可能与《老子》丙种合编为一册。"太一"乃先秦时期人们所称的"道"，该文主要论述"太一"与天、地、四时、阴阳等的关系，是一篇十分重要的道家论说。

简本《缁衣》凡简四十七枚。竹简两头呈梯形，长 32.5 厘米，两道编绳。内容与今本《礼记》中的《缁衣》相类，但章序有较大差别，文字也有不少出入，如简本无今本之第一及第十六章，简本第一章为今本之第二章，"缁衣"一词见于此章。两相比照，简本当较今本所据原始，从各章间意义上的关联看，简本章序比今本合理。末简见"又十又三"当为原本《缁衣》的章数。《鲁穆公问子思》凡存八简，竹简两头呈梯形，简长 26.4 厘米，两道编绳。简文有"鲁穆公昏（问）于子思"句，故整理者以其名题。《汉书·艺文志》记有《子思》二十三篇，班固注谓子思"名伋，孔子孙，为鲁缪公师"。"缪"、"穆"古通，鲁穆公即鲁缪公。《穷达以时》凡存十五简。竹简两端呈梯形，简长 26.4 厘米，两道编绳，内容与《荀子·宥坐》、《孔子家语·在厄》、《韩诗外传》卷七、《说苑·杂言》所载孔子被困于陈蔡时与子路的对话相类。《五行》凡存五十简。竹简两端呈梯形，简长 32.5 厘米，两道编绳。内容与马王堆帛书《老子甲本卷后古佚书》中《五行》篇之经部大体相同，只是个别文句或段落的先后次序、文句多寡和用字有些不同。《五行》首简完整，以"五行"二字起头，其下分别阐述之"仁、义、礼、智、圣"，此即"五行"之所指，属子思、孟子的五行学说，故整理者命此篇为《五行》。《唐虞之道》凡存二十九简。竹简两端平齐，长28.1至28.3厘米，两道编绳。简文残缺较甚，大意为赞扬尧舜的禅让，其中较多篇幅叙述舜知命修身及仁、义、孝、弟的品德，史实亦见于《史记·五帝本纪》等书。首简简首见"汤（唐）虞之道"，故以命题。《忠信之道》凡存九简。竹简两端平齐，简长28.2至28.3厘米，两道编绳。内容为忠、信的各种表现，结论为"忠，仁之实也。信，义之期也"。《成之闻之》凡存四十简。竹简两端呈梯形，简长32.5厘米，两道编绳。"成之闻之"居首简首句，故以命题，内容述用民之道。《尊德义》凡存三十九简，竹简两端呈梯形，简长32.5厘米，两道编绳。"尊德义"为首简首句，故以命题。内容为立君而尊德义、顺民心之道。《性自命出》凡存六十七简，竹简两端呈梯形，简长32.5厘米，两道编绳，"性之命出"为简文中的一句，论述性、情，涉及各种事物之衍生与发展。《六德》凡存四十九简，竹简两端呈梯形，简长32.5厘米，两道编绳，论述六德——圣、智、仁、义、忠、信的具体内容。《语丛》共四种，内容体例与《说苑·谈丛》、《淮南子·说林》相类，故以《语丛》命题。《语丛》之一存简一百一十二枚，竹简两头平齐，简长17.2至17.4厘米，三道编绳，文句为格言式短语，谈述人与仁、义、德、礼、乐的关系，还概括表示了《易》、《诗》、《春秋》、《礼》、《乐》等书的内容。《语丛》之二存简五十四枚，竹简两头平齐，长 15.1 至 15.2 厘米，三道编绳，文句为格言式短语，内容主要陈述人之喜、怒、悲、乐及虑、欲、智等皆源于"性"。《语丛》之三存简七十二枚，竹简两头平齐，长 17.6 至 17.7 厘米，三道编绳，部分简文分上、下两栏书写，文句亦为格言式，内容涉及君、臣、父、子、孝、弟、仁、义等，显为儒家著述。

综上所见，郭店楚简不仅对研究楚文化有价值，对研究先秦文献亦具有重大意义。例如关于《老子》一书的成书年代，自从马王堆帛书《老子》甲、乙本问世后，《老子》是东周时期的作品已逐渐被学人认可，但其确切的情况仍无人知晓。今见简本《老子》不同于已知的各种传本，所据版本当更早，它为我们了解战国时期道家的源流提供了前所未有的线索。又有部分简文的内容与今本《礼记》相类，只是语句次序与今本有较大差异，说明《礼记》某些篇章的成书年代不晚于战国时期。1998 年，文物出版社出版了荆门市博物馆编《郭店楚墓竹简》一书，公布了郭店 1 号楚墓出土竹简的全部图版、释文、考证及有关附表。

## （四）上海博物馆藏楚简

1994 年初，上海博物馆从香港文物市场购得一批出土时间和地点皆不明的战国楚简，完、残总数约一千二百余枚。这批简刚购回时腐朽较严重，颜色发黑，字迹模糊，经有关人员用化学方法处理及加固定型，始可整理。最长的竹简长达 57.2 厘米，最短者 23.8 厘米，总字数约三万五千余字，涉及近百种古书，含儒家、道家、兵家、杂家学说，其中多数为佚书，少量见于今本《易经》、《缁衣》、《孔子闲居》等。经初步整理，主要篇名有《易经》、《诗论》、《缁衣》、《子羔》、《孔子闲居》、《彭祖》、《曾子》、《武王践阼》、《赋》、《子路》、《恒先》、《曹沫之陈》、《夫子答史留问》、《四帝二王》、《曾子立笑》、《颜渊》、《乐书》等。据说其中《易经》是今见版本中最古老、最原始的一种，与今本《易经》既有相同、又有相异之处，涉及三十五卦的内容，出现了红、黑六种标号，属首见，反映了阴阳转换、互为因果的易学理论。《恒先》为道家文献，标题"恒先"署于第三简简背，文章论述了道家虚静的理论，阐述天地起源的宇宙生成论。《诗论》谈及孔子对诗歌的见解，其序列与今本《诗经》相反，依次为《颂》、《大夏》（夏、雅通）、《小夏》和《邦风》。《诗论·序》的论次和今本《诗经》中的大序相反，诗句用字与今本亦异，又无今本《诗经》小序中"刺"（讽刺）、"美"（赞美）的内容。《诗乐》残件，上端书诗篇名及演奏诗曲吟唱诗的音高。仅一篇名曰《硕人》者见于今本《毛诗·卫风》，其余四十种篇名只是用词格调与《毛诗》相似，整理者估计其为三百零五篇以外的诗篇名。有的篇名之前写有特定的音名，犹今音高，由两个字组成，一是"声"名，即是五声音阶的名，其中有宫、商、徵、羽四个"声"名或"阶"名，其次是变化音名，有穆、和、讦等九个变化音名。《中国文物报》2001 年 12 月 26 日发表马承源《战国楚竹书的发现保护和整理》一文，介绍这批楚简的收购、保护和整理过程，关于其内容，则在上海古籍出版社 2001 年 11 月出版的马承源主编之《上海博物馆藏战国楚竹书（一）》中有较详细的介绍。

## （五）其他楚简

除上文介绍的四批楚简外，各地尚有以下批量较少或内容还没有完全公布的楚简。

**1. 长沙五里牌楚简**

1951 年，中国科学院考古研究所湖南调查发掘团在湖南省长沙市近郊五里牌 406 号战国楚墓发掘获竹简三十七枚。竹简出土时已残断，长短不一，字迹不清，内容为遣册。有关资料见中国科学院考古研究所湖南调查发掘团：《长沙近郊古墓发掘记略》，刊于《科学通报》1952 年第 3 卷 7 期。1957 年科学出版社出版的中国科学院考古研究所撰《长沙发掘报告》一书，公布了这批竹简的内容。

**2. 长沙仰天湖楚简**

1953 年 7 月，湖南省文物工作者在长沙市南门外仰天湖 25 号战国楚墓中掘获竹简四十三枚。完整的简长 22 厘米、宽 1.2 厘米、厚 0.1 厘米，每简二至二十一字不等，内容为遣册。湖南省文物管理委员会：《湖南省文管会清理长沙仰天湖木椁楚墓发现大量竹简彩绘木俑等珍贵文物》（刊于《文物参考资料》1953 年 12 期）首次公布该墓出土文物及竹简的情况。《文物参考资料》1954 年 3 期刊载的《长沙仰天湖战国墓发现大批竹简及彩绘木俑雕刻花版》、《考古学报》1957 年 2 期刊载的《长沙仰天湖第 25 号木椁墓》二文，则较详细地介绍了该墓出土竹简的情况，公布了部分竹简照片。1955 年群联出版社出版史树青著《长沙仰天湖楚简研究》、1957 年上海出版社出版饶宗颐著《战国楚简笺证》，论述了这批竹简的性质和内容。

### 3. 长沙杨家湾楚简

1954 年，湖南省文物工作者在湖南省长沙市杨家湾 6 号战国楚墓获竹简七十二枚，其中五十四枚有文字。首次报道见湖南省文物管理委员会：《长沙杨家湾 M006 号清理简报》，刊于《文物参考资料》1954 年 12 期。《考古学报》1957 年 1 期发表湖南省文物管理委员会撰写的《长沙出土的三座大型木椁墓》一文，也公布了杨家湾 6 号楚墓的发掘情况及部分竹简照片。

### 4. 信阳长台关楚简

1956 年春，河南信阳长台关农民在小刘庄后岗打井时无意中发现了一座规模较大的楚木椁墓。次年 3 月，河南省文化局文物工作队对这座墓进行了发掘，并于前室中部北侧出土竹简一百四十八枚。这批竹简按内容可分为两组：一组凡一百一十九枚，皆残损，长短不齐，估计原简长 45 厘米左右，今存最长者为 33 厘米，简宽大多为 0.7 至 0.8 厘米、厚约 0.1 至 0.15 厘米，每简约三十字，字书于竹黄面。另一组共二十九简，保存较完整，但字迹模糊，最长达 69.5 厘米，一般长 68.5 至 68.9 厘米、宽 0.5 至 0.9 厘米、厚 0.1 至 0.15 厘米。简为先编联后写字，单行顶头书写，不留天地，各简字数不等，多者四十八字，少者仅十六字，能辨认者尚见九百五十七字。

这批简的内容比较丰富。其中第一组为古佚书，由于简文中出现"先王"、"周公"、"三代"、"君子"等词，早期大多数专家都认为它是春秋战国之际有关儒家的著述。近年李学勤撰文论述它当属《墨子》佚篇，文中以两支保存字数最多的简为例，指出这两简与《太平御览》卷八〇二中一段儒墨对话的

《墨子》佚文"周公见申徒狄曰:贱人强气则罚至",内容语气如出一辙。"贱人"一词多见于《墨子》,却罕见于其他古书。又简文所见"尚贤"一词明显是《墨子》特有的术语,见于《尚贤》三篇及《鲁问》。从政治思想的角度考察,简文所反映与今本《墨子》各篇主张不可轻视贱人的思想吻合。简文《墨子》佚篇的发现及有关古籍的记载,皆表明战国中期楚国的墨学已相当兴盛。第二组简为遣册,记载随葬物品的名称和数量,对探讨楚人日常用具和生活风俗具有重要的参考价值。

河南省文物工作队一队:《我国考古史上的空前发现——信阳长台关发掘一座战国大墓》(刊于《文物参考资料》1959年9期)初步介绍了长台关楚墓发掘的情况。1959年,河南人民出版社出版了河南省文化局文物工作队编《河南信阳楚墓图录》一书,公布了该墓出土文物及竹简的照片。同年,商承祚撰《信阳出土楚竹简摹本》(晒蓝本),对这批楚简做了整理缀合并释文。史树青撰《信阳长台关竹书考》,刊于《北京师范大学学报》(社会科学版)1963年4期,也公布了释文。1986年,文物出版社出版中国社会科学院考古研究所编《信阳楚墓》一书,较全面地公布了该墓出土文物的情况及竹简的照片、释文等。

**5. 随县擂鼓墩曾侯乙简**

1977年间,在今随州市西北约3公里的擂鼓墩一带施工者发现了三座战国大墓。1978年3月,湖北省文物工作者发掘了其中的擂鼓墩1号墓。该墓为岩坑竖穴墓,出土了大量的金器、玉器、漆木器、乐器、铜礼器和竹简。出土竹简共二百四十多枚,约六千六百字,大部完整。一镈钟上有铭文:"隹王五十又六祀,返自西阳,楚王酓章乍曾侯乙宗彝,奠之於西阳，其永时用享。"佐证墓主为曾侯乙。据墓葬特点分析，年代当为公元前433年或稍晚，此时曾国已是楚国的附庸，故人们通常把这批简当做楚简。竹简内容为记载用于葬礼的车马及车上配件、武器、甲胄、驾车官吏等。所见官名如"令尹"、"宫厩尹"、"连敖"等与楚国同。报道首见随县擂鼓墩1号墓考古发掘队：《湖北随县曾侯乙墓发掘简报》，刊于《文物》1997年7期。1981年，文物出版社出版了湖北省博物馆编《随县曾侯乙墓》一书，详细介绍了该墓出土文物及竹简的情况。

### 6. 江陵天星观楚简

1978年1至3月间，湖北省文物工作者对位于湖北江陵观者垱公社五山大队境内的天星观1号楚墓进行发掘。此墓规模较小，早年曾被盗，残留器物尚见陶器、铜器、兵器、车马器、乐器、漆器及竹简等共二千四百四十余件。重要的出土文物有木甲、漆木盾、漆木龙首车辕、凤鸟悬鼓、漆木虎座飞鸟、漆镇墓兽、铜编钟、编磬等。据简文所载，墓主为邸𦙝君番（潘）勅。简文内容有两类：一类为卜筮记录，另一类为遣册，它对研究楚国的封君制度及葬制、潘氏家族史等都具有重要价值。湖北荆州地区博物馆：《江陵天星观1号楚墓》（刊于《考古学报》1982年1期）介绍了该墓发掘及竹简的情况。

### 7. 江陵九店楚简

1981至1989年间，湖北省博物馆江陵工作站于江陵九店公社砖瓦厂发掘东周墓五百九十六座，其中在56号楚墓发现竹简二百零五枚。竹简大多残断，完整或较完整者仅三十五枚，置于侧龛内，出土时呈黑褐色，文字书于竹黄面，顶头书写，不留天地，设三道编绳。完整的简长 46.6 至 48.2 厘米、宽 0.6 至 0.8 厘米。每简字数最多者为五十七字，今可辨认的文字达二千三百三十二字。与简同出者还有墨、墨盒与削刀。竹简内容包括两个方面：一记载农作物的称谓和数量。二为日书占卜书之类。其中以日书占卜书居多，内有建除家言，以记天干吉凶为主；有楚巫术；有相宅等。李家浩等曾据内容分之为十五组：一、舊、梅等数量。二、《建除》。三、《丛辰》。四、《成日、吉日和不吉日宜忌》。五、《五子、五卯和五亥日禁忌》。六、《告武彊》。七、《相宅》。八、《占出入盗疾》。九、《太岁》。十、《十二月宿位》。十一、《往亡》。十二、《移徙》。十三、《裁衣》。十四、《生、亡日》。十五、残简。这些资料反映了楚人信神好鬼的思想，亦涉及社会生活的各个方面，对研究楚国社会史有很大帮助。简文中关于十二月序的排列对研究楚历法有一定价值。1984 年，文物出版社出版了楚文化研究会编《楚文化考古大事记》，公布了这批简的出土情况。又，湖北省博物馆江陵工作站又于 621 号楚墓发掘出残简一百二十七枚，其中三十二枚字迹可辨认，五十七枚字迹模糊，三十八枚无字，最长的竹简达 22.2 厘米、宽 0.6 至 0.7 厘米、厚 0.1 至 0.3 厘米。此外 411 号楚墓亦出土竹简二枚，其中一枚完整，简长 68.8 厘米、宽 0.6 厘米、厚 0.11 厘米，内容尚难判定。1995 年，科学出版社出版了荆州博物馆编《江陵九店东周墓》一书，全面报告了上述墓葬及简牍内容。湖北省文物考古研究所、北京大学中文系编，中华书局 2000 年 5 月出版的《九店楚简》一书，对简文内容作了详尽的考证。

**8. 江陵马山楚简**

1982 年，湖北荆州地区博物馆发掘江陵马山公社砖瓦厂 1

号楚墓，出土了大批质地精良的丝绸及一枚竹简。简文内容为随葬品清单。有关报告见荆州地区博物馆：《江陵马山砖瓦厂 1 号楚墓出土大批战国时期丝织品》，陈跃钧、张绪球：《江陵马砖 1 号墓出土的战国丝织品》，彭浩：《江陵马砖 1 号墓所见葬俗述略》，皆刊于《文物》1982 年 10 期。

### 9. 德山夕阳坡楚简

1983 年冬，湖南省常德市德山夕阳坡 2 号楚墓出土竹简二枚，较完整。一枚简长 67.5 厘米，简首稍磨损；另一枚长 68 厘米，完整。两简宽皆 1.1 厘米。简文凡五十四字，字迹清晰，内容连贯，是一份完整的记事简，弥足珍贵。详见杨启乾：《常德市德山夕阳坡二号楚墓竹简初探》，刊于《求索》1987 年增刊《楚史与楚文化研究》一书。

### 10. 江陵秦家嘴楚简

1986 至 1987 年间，湖北荆沙铁路考古队在湖北江陵秦家嘴发掘四十九座楚墓，其中有三座发现竹简：1 号墓出简七枚、13 号墓出简十八枚，内容皆为卜筮祭祷之类；99 号墓出简十六枚，内容除卜筮祭祷外，尚有遣册。见荆沙铁路考古队：《江陵秦家嘴楚墓发掘简报》，刊于《江汉考古》1988 年 2 期。

### 11. 慈利石板村楚简

1987 年 5、6 月间，湖南省文物考古研究所、慈利县文管所在慈利县城关石板村发掘一批战国、西汉墓，36 号墓是其中规模最大的战国楚墓。该墓为长方形竖穴土坑木椁墓，一椁一棺，出土竹简四千五百五十七枚，无一完整。竹简厚度仅 0.1 至 0.2 厘米、宽 0.4 至 0.6 厘米，墨书风格与信阳长台关、江陵望山楚简相类。简文载黄池之盟、吴越争霸等史事。

报告见湖南省文物考古研究所、慈利县文物保护管理所：《湖南慈利石板村 36 号战国墓发掘简报》，刊于《文物》1990 年 9 期。

## （六）云梦睡虎地秦简

1975 年 12 月至次年初，湖北省博物馆、孝感地区亦工亦农考古训练班、孝感地区和云梦县文化部门在云梦睡虎地发掘了十二座战国末至秦代的墓葬，其中 11 号墓出土大量秦代竹简，这是我国首次发现秦简，是当时文物考古工作的一项重大收获。11 号墓为小型木椁墓，出土青铜器、漆器、陶器等七十余件。出土竹简原藏棺内，经整理拼缀，计有一千一百五十五枚，另有残片八十枚，保存情况尚好。

简牍内容可分为十部分：一、《编年记》。二、《语书》。三、《秦律十八种》。四、《效律》。五、《秦律杂抄》。六、《法律答问》。七、《封诊式》。八、《为吏之道》。九、《日书》甲种。十、《日书》乙种。其中"语书"、"效律"、"封诊式"、"日书"（乙种）是原简固有的标题，其他则是整理小组拟定的。据简文，这批简抄写的年代当在秦始皇时期，理由有三：一、《编年记》所见年号，昭王、孝文王、庄王之后见"今元年"，当即秦始皇元年。二、《语书》见"廿年四月丙戌朔丁亥，南郡守腾谓县、道啬夫"，以历朔推算当为秦始皇二十年。三、《语书》中多处避讳"正"字，改写作"端"。也有写的较早的简文，可能属战国末期。据《编年记》所载，墓主名喜，生于秦昭王四十五年（公元前 262 年），秦始皇时期历任安陆御史、令史、鄢狱吏等与司法有关的职务，或卒于秦始皇三十年（公元前 217 年），享年四十六岁。

《编年记》凡五十三简，置于墓主头下，原册当卷为一卷，逐年记述秦昭王元年（公元前 306 年）至秦始皇三十年（公元前 217 年）发生于全国的大事，同时记有墓主喜的生平及有关事项，类似后世年谱。简册分上、下两栏书写，上栏是昭王元年至五十三年，下栏是昭王五十四年至秦始皇三十年。其中从昭王元年到秦始皇十一年的大事是一次写成的，而这段内关于喜及其家事的记载和秦始皇十二年以后的简文，字迹较粗，应是后来续补的。《编年记》所载史事与古书有许多是一致的，如简文记秦昭王"四年，攻封陵"与《史记·六国年表》所见合。有些与古书不尽一致，如《六国年表》记秦昭王元年"秦击皮氏，未拔而解"，简文载此事发生于昭王二年。另一些则可补史籍所缺，如《史记·秦本纪》仅载秦昭王"七年，拔新城"，简文记载则较详细，云"六年，攻新城。七年，新城陷。八年，新城归"。关于喜及家事的记载亦未见于史籍。

《语书》凡十四简，置于墓主腹下右手侧。文字分前后两段，前段八简为正文，后段六简为附件。正文为秦南郡守腾于秦始皇二十年（公元前 227 年）四月初二颁发的教戒文告。告示各级官吏严守秦法，引导民俗。后段附件列举良吏与恶吏的各种表现，号召吏员从善去恶，凡出现恶吏须通报全郡。

《秦律十八种》凡二百零一简，置于墓主躯体右侧，每条律文的末尾皆记律名或律名的简称。原简已散乱，今见次序为整理组据同墓《效律》的体例排定的，经对照《效律》和《秦律十八种》现有各种法律的条文数量，可知《秦律十八种》的每种律都不是该种律的全文，而只是抄写人按其需要摘录的。十八种律包括《田律》、《厩苑律》、《仓律》、《金布律》、《关市律》、《工律》、《工人程》、《均工》、《徭律》、《司空律》、《军爵律》、《置吏律》、《效律》、《传食律》、《行书律》、《内史杂》、《尉杂》、《属邦》。其中《田律》是关于农田生产、收藏、税收、山林保护的规定。《厩苑律》是饲养牲畜、管理厩苑的法律。《仓律》是管理粮仓及出入粮草的规定。《金布律》是关于货币管理、实物买卖、收取债务、发放俸禄衣物的规定。《工律》是关于官营手工业的法律。《工人程》是关于官营手工业生产定额与工人管理的规定。《均工》是关于调度手工业劳动者的法律。《徭律》是关于徭役的法律。《司空律》是关于司空职责的规定，与《徭律》关系较密切。《军爵律》是关于颁发军功爵的若干规定。《置吏律》是关于任用官吏的法律。《效律》是关于核查检验官府物资财产的法律。《传食律》是关于驿传供给过往人员膳食的规定。《行书律》是关于传递文书的规定。《内史杂》是关于掌治京师的内史职责的各种规定。《尉杂》是关于廷尉职责的规定。《属邦》是关于管理少数民族的官员职责的规定。

《效律》凡六十简，置于墓主腹下，标题"效"字书于首简简背，是一篇首尾完备的律文，而《秦律十八种》所见《效律》仅摘录此《效律》的中间一部分。两种《效律》相对照，简的次序便可准确排定。《效律》详细规定了核验盘点县和都官物资账目的制度，对于军事物资如兵器、铠甲和皮革等的规定尤为详细。尤值一提的是《效律》对度量衡器明确规定了允许误差的限度，过限受罚，保证了统一度量衡政策的执行。

《秦律杂抄》凡四十二简，置于墓主腹下。各条律文，有的有律名，有的没有律名，内容比较庞杂，大概是根据应用需要从秦律中摘录的，有些在摘录时还作了简括和删除。今存律名有《除吏律》、《游士律》、《除弟子律》、《中劳律》、《藏律》、《公车司马猎律》、《牛羊课》、《傅律》、《敦表律》、《捕盗律》、《戍律》等十一种。其中除了《除吏律》与《秦律十八种》的《置吏律》名称相类之外，其他与《秦律十八种》无一重复者。《除吏律》是关于起用官吏的若干规定。《游士律》是限制游士活动的法律。《除弟子律》是关于官吏任用弟子的规定。《中劳律》是关于确定从军劳绩的若干规定。《藏律》是关于府藏物资制作保管的规定。《公车司马猎律》是朝廷卫队公车司马参与行猎的有关规定。《牛羊课》是关于畜养牛羊的规定。《傅律》是关于人口登记的法律。《敦表律》是有关边防的规定。《捕盗律》是关于抓捕罪犯的规定。《戍律》是有关行戍的规定。还有许多条文无律名。大体而言，《秦律杂抄》中许多律文与军事有关，其中关于军官任免、军队训练、战场纪律、后勤供应、战后赏罚的规定，是研究秦兵制的重要资料（图二）。

　　《法律答问》凡二百一十简，置于墓主颈右。简文采用问答形式，对秦律一些条文、术语作明确的解释，具有法律效力。《法律答问》解答的内容大多属秦律主体，即刑法部分，与李悝《法经》分《盗》、《贼》、《囚》、《捕》、《杂》、《具》六篇大致相符，故整理者将它按此六篇的次第排列。《法律答问》所引大多为秦统一后的法律，也有一些律文形成的年代较早，如律文"公祠"，《法律答问》解释时称"王室祠"，当形成于秦统一之前，很可能是商鞅时期制定的。《法律答问》中许多条款以"廷行事"，即判案成例作为依据，表明判例办案已成为制度。《法律答问》中有部分内容是对诉讼程序的说明，见"辞者辞廷"、"州告"、"公室告"、"非公室告"等，是研究秦诉讼制度的重要材料。

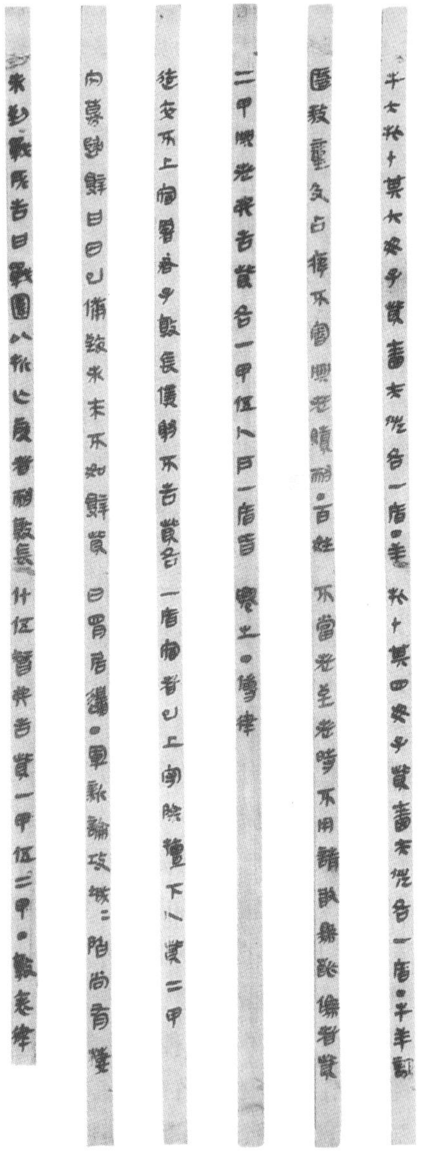

图二　云梦睡虎地秦墓竹
　　　简《秦律十八种》

　　《封诊式》凡九十八简，置于墓主头部右侧。原册当成卷，出土时已散乱，今见次序是整理者据简文内容与出土位置排定的。"封诊式"三字为原简标题，书于末简简背。简文共分二十五节，每节第一简简首书小标题，有"治狱"、"讯狱"、"有鞫"、"封守"、"覆"、"盗自告"、"□捕"、"争牛"、"群盗"、"夺首"、"告臣"、"黥妾"、"迁子"、"告子"、"疠"、"贼死"、"经死"、"穴盗"、"出子"、"毒言"、"奸"、"亡自出"，还有两个标题字迹不清。据出土位置，《治狱》、《讯狱》两节当居卷首，内容是对官吏审理案件的要求，其余各条大多是办案时进行调查、检验、审讯的程序及文书格式，供官吏处理各类案件时参照执行。案例的内容，大多是关于盗牛、盗马、盗钱、逃亡、逃避徭役、杀伤及不孝等，亦是研究秦诉讼程序的重要材料。

　　《为吏之道》凡五十一简，置于墓主腹下。简文分五栏书写，在每栏各行文字上端有用刀锋划出的横线。第四、五栏后面字迹较潦草的部分，有可能是后补的。简文载官吏必须遵守的一些道德规范与办事原则，多处观点与《礼记》、《说苑》、《大戴礼记》所宣扬的处世哲学相同。简文大多以四字为句，与秦代字书《仓颉篇》、《爰历篇》、《博学篇》相类。竹简的第五栏有韵文八首，其形式与荀况所作《成相篇》相同，是当时人们舂米时歌唱的一种曲调。第五栏末还附抄两条颁布于魏安釐王二十五年（公元前252年）的魏国法律，内容为严格限制入赘与商贾活动的规定，与秦法治精神相合。

　　《日书》两种。甲种《日书》凡一百六十六简，置于墓主头部右侧，无篇题，竹简两面书字，字小且密。乙种《日书》凡二百五十七简，置于墓主足下，残断较甚，末简简背书"日书"二字标题。两种《日书》内容大部相同，只有少量不同，抄写时皆有遗脱，二者可相互核校。主要内容为选择出行、裁衣、建房时日，预测诸事吉凶等。许多竹简上段设有小标题或提示。见"除"、"秦除"、"稷辰"、"玄戈"、"岁"、"星"、"病"、"啻"、"室忌"、"土忌"、"作事"、"毁弃"、"行"、"归行"、"生子"、"取妻"、"作女子"、"吏"、"入官良日"、"梦"、"诘"、"盗者"、"门"、"反支"、"马禖"、"木日"、"马日"、"牛日"、"羊日"、"猪日"、"犬日"、"鸡日"、"人日"、"男子日"、"盖屋"、"盖忌"、"除室"、"制衣"、"初冠"、"寄人室"、"行祠"、"见人"、"亡者"、"失火"等。《日书》见一日十二时制，以子、丑、寅、卯等十二时辰记时，说明十二时制在秦代已流行；尚见秦、楚月名对照，它是研究楚国历法的重要资料，图三所见即为日书局部及图像。

有关介绍与研究见季勋《云梦睡虎地秦简概述》，刊于《文物》1975 年 5 期。文章首次介绍了云梦睡虎地秦简。此后，《文物》1975 年 6 期刊登的湖北省孝感地区第二期亦工亦农文物考古训练班撰《湖北云梦睡虎地 11 号秦墓发掘简报》、《文物》1976 年 6、7、8 期连载的云梦秦简整理小组撰《云梦秦简释文》(一)、(二)、(三)，公布了《日书》以外的秦简释文。1977 年，文物出版社出版睡虎地秦简整理组编的 8 开线装本《睡虎地秦墓竹简》一书，书中收录了释文、图版及简注。1978 年，文物出版社又出版 32 开平装本《睡虎地秦墓竹简》，仅含释文，无图版。云梦睡虎地秦墓编写组编《云梦睡虎地秦墓》一书（文物出版社 1981 年版），则详细报告了睡虎地 11 号秦墓的发掘情况及出土文物。1990 年，文物出版社又出版秦简整理组编的 8 开精装本《睡虎地秦墓竹简》，书中收

图三　云梦睡
　　　 虎地秦
　　　 墓竹简
　　　 《日书》

录了睡虎地 11 号秦墓出土的全部竹简释文、图版、注释，而且除《编年记》、《为吏之道》、《日书》甲乙种外，其他部分都做了现代语译。

## （七）天水放马滩秦简

1986 年 3 月，甘肃省天水市小陇山林业局党川林场职工在放马滩护林站发现古墓群，甘肃省文物考古研究所随即派员前往调查，并于 6 月至 9 月间进行了发掘。此处古墓群面积达 11000 余平方米，有古墓一百多座，这次共发掘十四座，其中十三座为秦墓，一座为汉墓。出土文物四百余件，其中有秦木版地图七枚（图四）及西汉初年纸绘地图、竹简等重要文物。

放马滩 1 号秦墓出土竹简四百六十枚，简长 23 至 27.5 厘米，设三道编绳，留天地，每简右侧有三角形契口，见编痕。文字书于竹黄面，一般每简二十五至四十字之间，最多者达四十三字，字体介于篆隶之间。简文无标题，出土时已散乱，整理者据字迹及竹简形制分其为《日书》甲、乙种及《墓主记》，又据内容排序。

《日书》甲种凡七十三枚，简长 27.5 厘米、宽 0.7 厘米、厚 0.2 厘米。整理者将其分为八章：一、《月建》，记正月至十二月每月建除十二辰与十二地支相配的对应循环关系，月份始于正月，止于十二月。建除十二辰以建、除、盈、平、定、执、彼、危、成、收、开、闭为序，起于建，终于闭。十二地支以寅、卯、辰、巳、午、未、申、酉、戌、亥、子、丑为序，始于寅，止于丑。二、《建除》，逐条载建除十二辰吉凶，涉及做官、建房、疾病、婚嫁、农作、畜牧、祭祀、出行、买

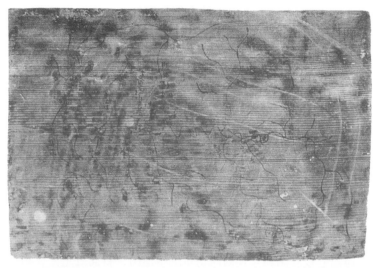

图四  甘肃天水放马滩秦墓出土木板地图

卖、亡盗等，其中建、执、危、开、闭诸条所载带有强烈的政治色彩。三、《亡盗》，载二十二条择日捉拿亡盗的条文，每条以干支排序，又配以十二生肖，记盗者逃亡方向、相貌、特点、性别、去处、路程、同伙、生死、所盗财物去向、能否抓获等。四、《人月吉凶》，记人之月日吉凶。以一年中某月为人月，述该月一日至三十日之吉凶，其中又分为方位和时辰吉凶。方位吉凶指一天中东南西北四方在某一时辰的吉凶。时辰吉凶，先按地支次序记日，后再确定该日内时辰的吉凶。五、《男女日》，分别男人日与女人日，以地支记日，男人日为子、卯、寅、巳、酉、戌，女人日为午、未、申、丑、亥、辰。男女各按其日行事、治病，死后亦按其日埋葬，还特意说明男人日中奴隶逃亡的日子。六、《生子》，记平旦至鸡鸣十六时辰产子是男还是女。七、《禹须臾行》，记出门远行，先在地上画北斗，再以禹步规定的程序察占吉凶以择行日。八、《忌》，记诸事禁忌日，事项有裁衣、穿衣、养狗、灭鼠、建筑、打扫、兴兵打仗等。

《日书》乙种凡三百七十九枚，简长 23 厘米、宽 0.6 厘米、厚 0.2 厘米，整理者按内容分其为二十章：一、《月建》。二、《建除》。三、《生子》。四、《人月吉凶》。五、《男女日》。六、《亡盗》。七、《禹须禹行》。以上七种与《日书》甲种同。八、《门忌》，述门分为东、西、南、北、寒、仓、财门，各有禁忌。九、《日忌》，以干支记日，述每日方位、时辰吉凶，包括做事成财、喜乐哀丧、出门远行、动工建屋、伐书、寄衣、养牲畜等的禁忌。十、《月忌》，是关于筑宫室、建房屋的禁忌。十一、《五种忌》，专言农作物方面的禁忌。十二、《入官忌》，记关于入官为政的吉日时辰。十三、《天官书》，记关于二十八宿次第及每月分度。十四、《五行书》,记关于五行相生的次序。十五、《律书》,记关于五行、五音、阳六律、阴六吕及变六十律相生法则和律数。十六、《巫医》,记关于巫卜问病,以时辰投阳律,依生肖问病情及能否诊治。十七、《占卦》,记以六十律贞卜占卦,详述每卦吉凶。十八、《牝牡月》,区分牝月、牡月和在各月从事某种活动的条文。十九、《昼夜长短》,载一年十二月中每月昼、夜的长短。二十、《四时啻》,言择月进行筑室、杀牲、穿井、伐木、种植等活动。

放马滩秦简《日书》与云梦睡虎地秦简《日书》相比较,二者既有共同之处,亦有区别。前者言及鬼神较少,而后者言鬼甚多且屡见楚地词汇。这一现象是地域因素造成的,反映了秦地重政治轻鬼神,而楚地重鬼神轻政治的倾向。

《墓主记》凡八简,记当事人丹因伤人弃市,死而复活的经历及其原因。

关于天水放马滩古墓葬群的情况,见甘肃省文物考古研究所、天水市北道区文化馆:《甘肃天水放马滩战国秦汉墓群的发掘》,刊于《文物》1989 年 2 期。何双全:《天水放马滩秦简综述》,亦刊于《文物》1989 年 2 期。文章全面介绍了天水放马滩秦简的内容。

## (八) 云梦龙岗秦简

1989 年 10 至 12 月间,湖北省文物考古研究所、孝感地区博物馆、云梦县博物馆配合当地工程建设,于湖北省云梦县龙岗发掘九座秦汉墓葬,其中 6 号秦墓出土木牍一枚、竹简一百五十余枚。据编痕考察,原简设三道编绳,系绳处无契口。

完整的简长 28 厘米、宽 0.5 至 0.7 厘米、厚约 0.1 厘米。简文为墨书隶体,写于竹黄面,每简多者书二十四字。竹简保存情况较差,残断严重,未见标题。为叙述方便,整理者据简文内容将其分为五类,拟题《禁苑》、《驰道》、《马牛羊》、《田赢》及其他类。其中《禁苑》所见最多,存六十余简,约六百余字,主要记载关于禁苑管理的若干规定:包括禁止无关人员猎杀禁苑中的动物(豺狼除外)及砍伐树木,须凭符传出入禁苑等,或与墓主生前从事的工作相关。《驰道》言及驰道、弩道、甬道的管理。《马牛羊》是关于马牛羊管理的规定。《田赢》是关于田赢赋税的法律。其他部分涉及宦者、追盗贼等。龙岗秦简的内容大多未见于睡虎地秦简。

出土木牍一枚。木牍原位于棺内墓主腰部,长方形,长36.5 厘米、宽 3.2 厘米、厚 0.5 厘米,两面书字,字迹清晰,墨书秦隶,内容为一份司法文书抄本,述墓主名“辟死”,曾被错判为城旦,经乞鞫重审后,辟死免为庶人,错判之官吏被论罪。

龙岗秦简见“皇帝”、“黔首”、“驰道”等,皆为秦统一中国后才出现的新词,《史记·秦始皇本纪》:二十六年,“更名民曰黔首”。二十七年,“治驰道”。则龙岗简之年代当晚于云梦睡虎地秦简,所见法律条文当行用于秦始皇二十七年(公元前220 年)至秦二世三年(公元前 207 年)的十四年间。

梁柱、刘信芳所撰《云梦龙岗秦代简牍述略》一文,刊于《简帛研究》第 1 辑,首次报道了云梦龙岗秦墓的发掘及出土简牍情况。1998 年,科学出版社出版梁柱、刘信芳著《云梦龙岗秦简》一书,公布了云梦龙岗秦简的全部释文及照片。2001 年,中华书局出版由中国文物研究所和湖北省文物考古研究所编撰的《龙岗秦简》一书，对此前的释文有所修定。

## （九）江陵王家台秦简

1993 年间，湖北省荆州地区博物馆于江陵县荆州镇郢北村王家台发掘清理秦汉墓葬十六座。其中王家台 15 号墓位于土岗东北较高处，墓坑为长方形竖穴，单棺，棺内放置有竹简、木牍、木盒、木骰子、算筹、戈秘等。竹简大部沉积在棺内墓主足端，被淤泥及木盒所压，有一部分已散乱掉入稀泥中，所以保存情况较差。据残存编绳可知，原简当设三道编绳。经初步整理，竹简数量达八百余枚，一种长 45 厘米，另一种长 23 厘米，宽约 0.7 至 1.1 厘米，墨书秦隶，文字写于篾黄面，字迹尚可辨认，主要内容为《效律》、《日书》、易占等。

《效律》，内容与云梦睡虎地秦墓竹简《效律》大致相同，书写顺序有区别。

《日书》，所载含《建除》、《梦占》、《病》、《日忌》、《门》等。《建除》述建除十二辰，其中部分内容与睡虎地秦简所见“秦除”相同。《梦占》包含的内容较多，而且与睡虎地秦简《日书》所见不尽相同。《病》述不同时辰患病的吉凶。《日忌》述一至三十日之吉凶及马、牛、羊、鸡、豕的良日与忌日。《门》绘有四方各门及名称，与睡虎地秦简所见相类。

易占，皆以易卦起头，其后为卦名及解说，可辨识者约五十余条，有一部分卦名与卦画重复。简文所见大多数卦名与今本同，如人、旅、兑、师等，或有假借字，如“离”作“丽”、“颐”作“臣”等。解说部分与今本《易》的象、爻辞皆异。

文中涉及的传说人物有黄帝、炎帝、穆天子、共王、武王等，还见羿射日、武王伐殷等事迹。

另有一些简字体规正、字距大，多述自然现象，预示邦国灾难，文首每每以"邦有……"起头。

竹牍一枚，出于棺内首端，字迹模糊，残长 21 厘米、宽 4 厘米，内容未详。

荆州地区博物馆撰《江陵王家台 15 号秦墓》，刊于《文物》1995 年 1 期。文章简要介绍了王家台秦墓出土文物及简牍的情况。

# （一〇）其他秦简

## 1. 青川郝家坪秦牍

1979 至 1980 年间，四川省博物馆和青川县文化馆在四川省青川县郝家坪发掘了 50 号战国秦墓，出土木牍二枚。木牍长 46 厘米、宽 3.5 厘米、厚 0.5 厘米，两面书字。其一字迹清晰，正面为秦王颁布的《为田律》命书，背面记载不除道日干支。另一木牍字迹漫漶，已无法确认。秦并天下后才称"命"为"制诏"，而简文尚称"命"，又秦王称"主"不称"皇帝"，不讳"正"字，知其为秦统一六国前物。

四川省博物馆、青川县文化馆所写《青川县出土秦更修田律木牍——四川青川县战国墓发掘简报》，刊于《文物》1982 年 1 期。文章简略介绍了青川郝家坪战国秦墓的发掘及出土木牍情况。

## 2. 云梦睡虎地秦牍

1975 至 1976 年间，湖北省博物馆等在湖北省云梦县睡虎地 4 号秦墓的发掘中获木牍二枚。其中一枚保存完好，长 23.1 厘米、宽 3.4 厘米、厚 0.3 厘米；另一枚下段残缺，残长 17.3 厘米、宽 2.6 厘米、厚 0.3 厘米。木牍皆两面书字，墨书隶体，内容为士卒名黑夫及惊者写给家里的私信，叙述出征情况及索求衣物，当为秦始皇二十四年（公元前 223 年）物。

有关报告见湖北省孝感地区文物考古训练班：《湖北云梦睡虎地十一座秦墓发掘简报》，刊于《文物》1976 年 6 期。

### 3. 江陵岳山秦简

1986 年间，湖北省江陵县文物局、荆州地区博物馆于江陵县岳山岗发掘四十六座古墓葬，包括秦墓十座、汉墓三十一座、宋墓二座。其中 36 号秦墓出土木牍二枚：一枚长 23 厘米、宽 5.8 厘米、厚 0.55 厘米，另一枚长 19 厘米、宽 5 厘米、厚 0.55 厘米。内容皆为日书，见水良日、土良日、木良日、火良日、玉良日、金良日、人良日、牛良日、马良日、羊良日、犬良日、猪良日、鸡良日、祠大父良日、祠门良日、祠灶良日、衣良日、衣忌、五服忌等，与云梦睡虎地秦简甲、乙种日书可作比较研究。

有关报道见湖北省江陵县文物局、荆州地区博物馆《江陵岳山秦汉墓》，刊于《考古学报》2000 年第 4 期。

### 4. 江陵杨家山秦简

1991 至 1992 年间，湖北省荆州地区博物馆在江陵县荆州镇黄山村五组与一组交界处的杨家山一带发掘不同时代的古墓葬一百七十八座，其中 135 号秦墓规模最大，有封土，保存完好。发掘者据随葬物品的特征考察，推测此墓当属秦墓，其上限不早于公元前 278 年，下限在西汉前夕。该墓出土竹简七十五枚，原置于边箱靠头箱的一端，简长 22.9 厘米、宽 0.6 厘米、厚 0.1 厘米,墨书隶体,字迹大部清晰,内容为遣册,记随葬物品。

有关报道见荆州地区博物馆:《江陵杨家山 135 号秦墓发掘简报》,刊于《文物》1993 年 8 期。文章介绍了墓葬发掘及出土文物的情况。

### 5. 沙市周家台秦简

1993 年 6 月,湖北省沙市博物馆发掘了位于荆州市沙市区西北郊的周家台 30 号秦墓。墓中出土竹简三百八十九枚。竹简原置于棺椁北挡板间西南部的椁底板上,包裹在竹笥编席内。整理者根据竹简长短及各卷叠压情况,分之为甲、乙、丙三组。其中甲组二百四十二枚,乙组七十五枚。两组皆为长简,简长 29.3 至 29.6 厘米、宽 0.5 至 0.7 厘米、厚 0.08 至 0.09 厘米。丙组七十枚,短简,简长 21.7 至 23 厘米、宽 0.4 至 1 厘米、厚 0.06 至 0.15 厘米,制作较粗糙。竹简文字皆为墨书隶体,写在篾黄面,只有一枚两面书字。除白简外,每简最少一字,最多四十三字,总计五千三百余字。甲组竹简的内容为二十八宿占、五时段占、戎磨日占、五行占、"产子"占和秦始皇三十六年(公元前 211 年)、三十七年(公元前 210 年)月朔日干支及月大小等。乙组竹简的内容为秦始皇三十四年(公元前 213 年)全年三百八十四天(含 9 月三十天)的日干支,凡某一日发生的事皆书于该日干支下,限于空间,有的记事分行书写或倒书。丙组竹简的内容有医药病方、祝由术、择吉避凶占卜及农事等。整理者据竹简的内容,对三组竹简的组合做了调整:将甲组竹简中的秦始皇三十六年、三十七年历谱抽出,与乙组竹简合拼为一组,计有竹简一百三十枚(含四枚素简),拟名《历谱》。将甲组剩下的简编为第二组,计一百七十八枚（含十枚素简），拟名《日书》。将丙组竹简编为第三组，计七十三枚，拟名《病方及其他》。又木牍一枚，出于棺椁北挡板间的淤泥中，长 23 厘米、宽 4.4 厘米、厚 0.25 厘米。牍文为墨书隶体，两面书字，全牍凡一百四十九字，所载为秦二世元年（公元前 209 年）历谱，正面书秦二世元年十二个月的月朔日干支及月大小，背面书该年十二月份的日干支等。

有关报道见湖北省荆州市周梁玉桥遗址博物馆：《关沮秦汉墓葬清理简报》，刊于《文物》1999 年第 6 期。文中介绍了周家台秦墓的发掘及出土简牍情况。2001 年 8 月，中华书局出版了湖北省荆州市周梁玉桥遗址博物馆编撰的《关沮秦汉墓简牍》一书，发表了周家台 30 号秦墓出土简牍的释文及注解，书中附录三为张培瑜、彭锦华先生《周家台 30 号秦墓历谱竹简与秦、汉初的历法》一文，对秦和汉初施行的历法进行深入剖析，认为秦历和汉初历法皆与汉传颛顼历不合，也都不是殷历。又秦与汉初历法不同，但尚无法判断具体改历的时间。

# （一一）武威磨嘴子汉简

1957 至 1959 年间，甘肃省博物馆于甘肃省武威新华乡磨嘴子清理发掘三十七座汉墓。其中 1959 年发掘的 6 号墓为小型单室双棺墓，出土文物有陶器、木器、漆器、竹木简等，时代当属新莽时期。出土竹木简凡六百余枚，完整者三百八十五枚，残简二百二十五枚，大多为木简，只有少量竹简。木简有长、短两种，皆以松木制成。长简长 54 至 58 厘米、宽 0.8 至 1 厘米，设四道编绳。短简长 20 至 22 厘米、宽 1.5 厘米。

长简内容为《仪礼》，墨书隶体，简背皆书顺序号，可分为甲、乙、丙三种版本：

甲本《士相见之礼》第三，存十六简，完整无缺。简 1 背文"士相见之礼"为篇题，简 2 背文"第三"为篇次。简本比今本少两句，其余文句大致相同，正文凡九百三十九字，残十四字，篇末记字数"凡千二十字"。

甲本《服传》第八，存五十七简，原册当为六十简，今缺第 5、9、34 简。简 2 背文"服传"为篇题，简 1 背文"第八"为篇次。简本与今本相比，传文大致相同，经、记删削较多，正文存三千一百四十三字，残缺一百九十五字，篇末未记字数。

甲本《特牲》第十，存四十九简，原册当为五十三简，今缺第 18、20、21、22 简。简 2 背文"特牲"为篇题，简 1 背文"第十"为篇次。简 40 以下未署序码，而且简的宽窄不匀，木质与简 40 以上不同，自成一编，故整理者认为它是后补的。简本与今本相比，经、记稍有出入，简 41 以上错字较多，正文今存三千一百一十八字，残缺二百五十三字，篇末记字数"凡三千四百四十字"。

甲本《少牢》第十一，存四十五简，原册当为四十七简，今缺第 24、46 简。简 2 背文"少牢"为篇题，简 1 背文"第十一"为篇次。第 41 简以下，字迹与其前异，又另编序码"一"至"六"。简文每行多达七十字左右，正文今存二千八百零一字，残缺一百六十七字，篇末记字数"凡二千九百五十四字"。

甲本《有司》第十二，存七十四简，原册当为七十九简，今缺第 46、51、63、67、78 简。简 2 背文"有司"为篇题，简 1 背文"第十二"为篇次。最后六简序码写在正面下端。简本此篇文字与今本相近，多与唐石经合，且可补正今本之不足。全篇今存四千三百六十二字，残缺三百七十字，篇末记字数"凡四千八百字"。

甲本《燕礼》第十三，存五十一简，原册当为五十三简，今缺第 11、13 简。篇题篇次"燕礼第十三"书于简 1 背面。此篇内容与今本相近，属今文本，其中亦有与《泰射》相重者。简文所引《周南》、《召南》篇名与毛《诗》异，当属齐《诗》。全篇今存经二千一百五十八字、记三百零五字，凡二千四百六十三字，残缺七百零四字，脱文二十字，篇末记字数"凡三千六十六字"、又"记三百三文"。

甲本《泰射》第十四，存一百零六简，原册当为一百一十四简，今缺第 7、18、32、43、47、67、79、91 简。简 2 背文"泰射"为篇题，简 1 背文"第十四"为篇次。简文大体完整，仅简 1 至 3 有残缺。此篇内容最长，与今本相异甚多，字词文句多有差别，同篇用字前后不一，如"大"作"泰"，又作"太"。全篇今存六千一百四十五字，残缺六百四十字，脱一简六十二字，篇末记字数"凡六千八百五十八字"。

乙本《服传》第八，存三十七简，无缺，多已折成若干段。每简容字较多，多者达一百二十三字。简 2 背文"服传"为篇题，简 1 背文"第八"为篇次。此本与甲本同源，凡二本相异之处，则乙本往往近于今本。全篇今存三千三百四十八字，比甲本多，篇末未记字数。

丙本《丧服》，存三十四简，多残。简背无文字，简首"丧服"二字为篇题。此本与今本大致相同，分章与甲、乙本同，于每章前一简不足行而止，皆有空白。全篇存一千五百三十五字，其中经文一千一百七十三字、记文三百六十二字，篇末记字数"凡千四百七十二［字］"。

上述甲、乙、丙三种《仪礼》共九篇，总字数二万七千四百余字，比熹平石经相应内容所存文字多许多。甲、乙本与丙本的内涵有区别，如甲、乙本为《服传》而丙本是《丧服》经记。甲本的七篇，每篇皆署篇题和篇次，篇次与今本不同，与两戴本及刘向《别录》亦不同，而且篇题亦异，如编次第八者，简本为《服传》，大戴本为《少牢》，小戴本为《士虞》，刘向《别录》本为《聘礼》。大体而言，简本《仪礼》之篇次近于小戴本，两者的篇次，仅在《士丧》、《既夕》与《燕礼》、《大射》之间对调而已。简本与诸家篇题稍异者有四：一、《大射》简本作《泰射》。二、《有司彻》简本作《有司》。三、《士相见》简本作《士相见之礼》。四、《丧服》简本作《服传》。整理者认为简本《仪礼》有可能是当时已立于学官的后仓、庆普本。

武威磨嘴子6号墓出土短简九枚，简长20至22厘米、宽约1.5厘米，墨书隶体，内容为日忌杂占之类，其中有一枚是河平年间诸文学弟子出谷文书。

有关报道见甘肃省博物馆：《甘肃武威磨嘴子6号汉墓》，刊于《考古》1960年5期。甘肃省博物馆：《武威汉简在学术上的贡献》，刊于《考古》1960年8期。二文较全面地介绍了磨嘴子6号汉墓的发掘及出土简牍情况。

1959年，甘肃省博物馆又发掘武威磨嘴子18号汉墓，获鸠杖一枚、木简十枚。从残留的痕迹看，这些木简当初捆在鸠杖上。简长23至24厘米、宽1厘米，墨书隶体，字迹清晰，设三道编绳，内容为王杖诏书抄录本，述优待高年老人的规定及惩处不孝不敬、虐待老人的案例。

有关资料见甘肃省博物馆:《甘肃武威磨嘴子汉墓发掘》,刊于《考古》1960 年 9 期。中国科学院考古研究所编辑室:《武威磨嘴子出土王杖十简释文》,亦刊于《考古》1960 年 9 期。上述二文介绍了墓葬发掘及木简内容。1964 年,文物出版社出版中国科学院考古研究所、甘肃省博物馆合编的《武威汉简》一书,公布了上述两批武威磨嘴子汉简的释文、摹本、图版及考证等。

## (一二)临沂银雀山汉简

1972 年 4 月间,山东省博物馆、临沂文物组在临沂银雀山发掘 1 号、2 号西汉墓。两墓皆为长方形竖穴墓,开凿岩石而成。1 号墓出土竹简约七千五百枚,2 号墓出土竹简三十二枚。两墓所见器物的组合、形制、纹饰等都显示西汉早期墓的特征。出土物中还有建元元年(公元前 140 年)始铸,建元五年(公元前 136 年)罢铸的"三铢钱",证其上限不早于建元元年。再者,二墓尚未发现铸于汉武帝元狩五年(公元前 118 年)的五铢钱,2 号墓又出土一册汉武帝时期的《元光元年历谱》,故推测墓葬的年代当在汉武帝时期。二墓出土竹简的字体皆属早期隶书,当抄成于文帝、景帝至武帝初期。简文有时避"邦"字讳,有时不避,如《孙膑兵法·陈忌问垒》有"晋邦之将"语。而"盈"(惠帝名)、"恒"(文帝名)、"彻"(武帝名)诸字,简文常见。"雉"(吕后名)、"启"(景帝名)二字虽不如以上诸字常用,但也出现过,说明西汉早期避讳不严,无法据此确定竹简抄写的年代。

1 号墓出土竹简分长短两种:长简全长 27.5 厘米、宽 0.5

至 0.7 厘米、厚 0.1 至 0.2 厘米。短简全长约 18 厘米、宽 0.5 厘米。按汉初尺度折算，长简约为当时的一尺二寸简，短简为当时的八寸简。竹简大多已残断，有不少仅存一二字，出土顺序因编绳朽烂而错乱，据残存的编痕分析，长简大部分有三道编绳，少部分设二道编绳。短简皆为二道编绳。简文非一人所书，书体、行款不尽一致，有的规整，有的草率，大部分每简三十余字，密书者在四十字以上，疏者则只有二十余字。2 号墓所出《元光元年历谱》大体完整，简长 69 厘米左右、宽 1 厘米、厚 0.2 厘米，属当时的三尺简，设三道编绳。

1 号墓出土竹简内容丰富，其中一部分是现在还有传本的古书，而大部分是今无传本的佚书。2 号墓出土竹简仅见《元光元年历谱》。

银雀山汉墓简牍的内容，整理者拟分三辑出版，今已出版第一辑，收录的古书包括《孙子兵法》、《孙膑兵法》、《尉缭子》、《晏子》、《六韬》、《守法守令等十三篇》。简文各篇有的有篇题，有的无篇题，凡无篇题者，皆由整理者拟定篇名（图五）。

简本《孙子兵法》分上、下两编。上编包括［计］、作战、［谋攻］、形（甲、乙）、势、实虚、［军争］、［九变］、［行军］、［地形］、九地、火攻、用间，附篇题木牍。下编包括吴问、黄帝伐赤帝、［四变］、地形二、［见吴王］等。简本《孙子兵法》凡存二千七百余字，今本十三篇的文字，除去《地形》篇外，每篇皆有出现。与简本《孙子兵法》同出的尚有相应的篇题木牍，原已碎成六块碎片，经缀合，见其原文分为三栏：首栏残缺过甚，仅见两行字迹，其中第二行见"埶（势）"字。第二栏及第三栏似每栏五行字，其中第二栏《行□》或即《行军》、《军□》或即《军争》、《实□》或即《实虚》（今本作《虚实》）；

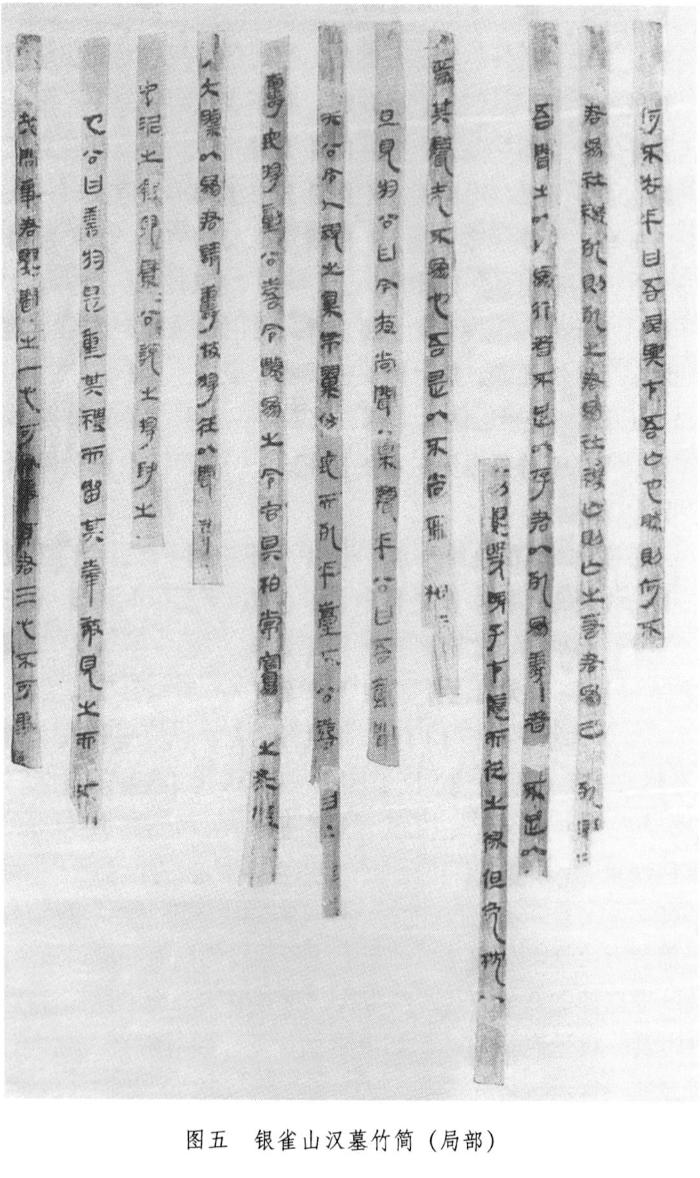

图五　银雀山汉墓竹简（局部）

第三栏《□刑》或即《地刑（形）》、《火□》或即《火攻》，末行"七執"意义未详。据篇题木牍所见知简本十三篇篇次与今本不尽相同，如今本《虚实》在《军争》之前，而简本在《军争》之后；今本《行军》在《军争》、《九变》之后，而简本在《军争》之前；今本《火攻》在《用间》之前，而简本在《用间》之后。但由于篇题木牍残缺过甚，简本十三篇的篇次仍未能完全确定，所以整理者暂按今本顺序排列之。简本《孙子》的文字有许多优于今本，对进行今本《孙子》的整理校勘极有价值。简本《孙子》下编的《吴问》篇，记吴王与孙子探讨晋国六卿军事、政治制度的问答。问答形式的文体未见于传本十三篇，但见于《通典》等书所引《孙子》佚文。《黄帝伐赤帝》简首有"孙子曰"句，简文与《行军》"黄帝之所以胜四帝也"相关，亦当为《孙子》佚篇。《四变》篇详解《九变》篇所论"涂有所不由，军有所不击，城有所不攻，地有所不争，君命有所不受"。《地形二》似为解释《行军》、《九地》等篇而作。整理者认为《汉书·艺文志》兵权谋家下著录《吴孙子》八十二篇，图九卷，篇数多于十三篇。《史记·孙子吴起列传》张守节《正义》："《七录》云：《孙子兵法》三卷。案：十三篇为上卷，又有中下二卷。"则中下二卷可能包括简本《孙子》佚篇的内容。《见吴王》篇内容与《史记·孙子吴起列传》所见相类，从文体看似非简本《孙子》本文，整理者疑其为书后附录。《汉书·艺文志》著录《吴孙子》八十二篇，图九卷。

　　简本《孙膑兵法》含擒庞涓、[见威王]、威王问、陈忌问垒、篡卒、月战、八阵、地葆、势备、[兵情]、行篡、杀士、延气、官一、五教法、[强兵] 等篇。其中前四篇记孙膑与齐威王的问答，可确定为《孙膑兵法》本文。第五至第十五各篇文首皆为"孙子曰"，但文体风格与《孙子兵法》十三篇及其佚书皆不相类，所以整理者认为这些篇中的所谓"孙子"乃指齐孙膑的可能较大，故归之于《孙膑兵法》。但这些篇既可能是《孙膑兵法》本文，也可能为其佚篇。《强兵》篇可能不是孙膑书本文，故附于末篇。《汉书·艺文志》著录《齐孙子》八十九篇，图四卷。《隋书·经籍志》中已不见《齐孙子》之著录，故许多人曾怀疑《齐孙子》的存在，简本《孙膑兵法》的出土，明确解决了此疑点。

简本《尉缭子》凡五篇。第一篇篇末见标题"治□"，内容与今本《兵谈》篇相类。第二篇篇末见标题"兵劝（权）"，内容与今本《攻权》篇合。第三篇未见标题，内容与今本《守权》相类。第四篇未见标题，内容与今本《将理》篇相类。第五篇未见标题，内容与今本《原官》篇合。《汉书·艺文志》著录《尉缭子》三十一篇，今本二十四篇。

简本《晏子》凡十六章。简本第一章见今本《内篇谏上》第三章。简本第二章见今本《内篇谏上》第九章。简本第三章见今本《内篇谏上》第二十章。简本第四章见今本《内篇谏上》第二十二章。简本第五章见今本《内篇谏下》第十八章。简本第六章见今本《内篇问上》第三章。简本第七章见今本《内篇问上》第十章。简本第八章见《内篇问上》第十七章。简本第九章见今本《内篇问上》第十八章。简本第十章见今本《内篇问上》第二十、二十一章，即今本第二十章问忠臣之行、二十一章问佞人之事君，简本合为一章。简本第十一章"行莫贱于害民"句以上见今本《内篇问下》第二十二章，以下见今本《内篇问下》第二十三章。简本第十二章见今本《内篇杂上》第二章。简本第十三章见今本《内篇杂上》第四章。简本

第十四章见今本《外篇第七》第十九章。简本第十五章见今本
《外篇第八》第一章,又《墨子·非儒下》、《孔丛子·诘墨》亦
有与简本相近的文字。简本第十六章见今本《外篇第八》第十
八章。今本《晏子》凡八篇二百一十五章,刘向《晏子》叙录
云:"所校中书《晏子》十一篇,臣向谨与长社尉臣参校雠太
史书五篇,臣向书一篇,参书十三篇,凡中外书三十篇,为八
百三十八章,除复重二十二篇六百三十八章,定著八篇二百一
十五章。"刘向删除的重复本子中,大概有与简本相合者。简
本与今本《晏子》相比较,除文字有些出入之外,篇章分合也
不尽相同。

简本《六韬》凡三类:第一类为简本之第一至第七篇,见
于今本《六韬》。第二类为简本之第八至第十三篇,佚文见于
《群书治要》、《通典》、《太平御览》等书。第三类为零散残简,
其字体、文体与上述两类相似,简文多提及文王及太公望,可
确定其为《六韬》之类。第一篇见今本《六韬·文韬·文师》
篇,居全书之首。第二篇见今本《六韬·文韬·六守篇》,简本
文末标题作"尚正"。第三篇见今本《六韬·文韬·守土》篇,
简本篇末标题亦作"守土"。第四篇见今本《六韬·文韬·守国》
篇。第五篇见今本《六韬·武韬·发启》篇。第六篇见今本《六
韬·武韬·文启》篇。第七篇见今本《六韬·武韬·三疑》篇,简
文亦见篇题"三疑"。第八篇与《群书治要》所录《武韬》:
"文王在歧周召太公曰争权于天下者何先"一篇合。第九篇与
《群书治要》所录《虎韬》合。第十篇与《通典》卷一六二,
《孙子·计篇》杜牧注,《太平御览》卷一三、三二八、三二九、
三四〇及《楚辞·天问》洪兴祖补注等所引,武王伐纣事之
《六韬》佚篇多相合,末简见"葆启"为本篇标题。第十一篇

与《北堂书钞》卷一一七所引《六韬》佚文合。第十二篇与《太平御览》卷一五七所引《六韬》佚文合。第十三、十四篇字体、文体与简本《六韬》各篇相类，亦当为《六韬》文。整理者认为简本《六韬》所据版本可能和今本有很大出入，当时的书名也不一定称做《六韬》，今仅据今本《六韬》和古书所引《六韬》佚文归类。《汉书·艺文志》道家著录太公二百三十七篇，其中谋八十一篇、言七十一篇、兵八十五篇，但未列《六韬》之名。简本《六韬》中有许多文字也不见于今本《六韬》及诸书佚文，故整理者亦疑简本的内容大概包括在《汉书·艺文志》所列谋八十一篇、言七十一篇之内。

以往许多人认为今本《尉缭子》、《六韬》与《汉书·艺文志》著录的《尉缭子》、《太公》无关，也有人认为今本《晏子》及《尉缭子》、《六韬》皆非先秦古书。简本的发现，证明这些看法是错误的。尽管今本与简本在编排次序及文字叙述方面有些出入，但渊源关系还是明确的，它们无疑都是战国时期已形成的古籍。

简本《守法守令等十三篇》是整理者以篇题木牍为线索整理的（图六），即根据篇题的含义及简文的文体、字体分别理出相应的简文。其中《委法》及上篇、下篇尚不明所指。《守法》、《守令》不易区分，暂合为一篇。但《委法》尚存标题简一枚，文称"委积"，故单列为一篇。第一篇内容多见于《墨子》之《备城门》及《号令》篇，今简本见《守法》标题，未见《守令》标题。第二篇所见为格言集，疑属篇题牍所见《要言》篇。第三篇见标题《库法》、第四篇见标题《王兵》，内容分别见于《管子》之《参患》、《七法》、《兵法》、《地图》等篇。第五篇的内容与篇题木牍《市法》篇合。第六篇见标题

图六　银雀山汉墓木
　　　牍之篇题目录

《李法》，篇题木牍亦见此篇题。第七篇疑属篇题木牍所载《王法》篇。第八篇仅见标题简《委积》二字，疑《委积》即篇题木牍所见《委法》之别名，与之相关的简文亦可能被编入《王法》、《田法》或《守法》、《守令》、《库法》中，未能确定。第九篇或属篇题木牍之《田法》篇。第十篇见《兵令》标题，简文与今本《尉缭子·兵令》合，但其文体、字体及标题简的形制，皆与简本《守法》、《守令》等篇相似，而与简本《尉缭子》不同，故定此篇为篇题木牍所载《兵令》篇，不收入简本《尉缭子》中。今本《尉缭子》分《兵令》为上下两篇，而简本不分，则简本所据当早于今本《尉缭子》，或形成于战国时期。简本《守法》、《守令》比今本《墨子》相关内容简短，成文当稍早。简本《王兵》篇结构完整，条理清楚，而与今本《管子》相应的《参患》、《七法》、《地图》诸篇多处文义不连贯，显然已被后人割裂，则简本《王兵》成书亦早于今本《管子》。又从《要言》、《库法》、《市法》、《李法》、《王法》、《田法》等六篇佚书所反映的时代背景（言国分大国、中国、小国；历法用周正，以建子之月为岁首）看，皆可确定其为战国时期的著作。

1号墓出土一些篇题木牍，大部分已残碎，仅一枚由两片缀合而成的木牍，可见完整面貌。木牍长22.9厘米、宽4.6厘米，其上书有《守法》、《要言》、《库法》、《王兵》、《市法》、《守令》、《李法》、《王法》、《委法》、《田法》、《兵令》及《上篇》、《下篇》等十三个篇题，在木牍的中腰位置还有残存的系绳。第二枚木牍由六块残片缀合而成，残长22.3厘米、宽约4.3厘米，牍文见残缺的《孙子兵法》篇题目录（见前文）。第三枚木牍由九块残片缀合而成，残长22.3厘米、宽4.5厘米，分四栏书写，上书《将败》、《兵之恒失》、《效贤》、《为国之过》、《持盈》等篇题。第四块木牍残长 17.8 厘米、宽 4.3 厘米，由四块残片缀合而成，分三栏书写，上书《曹氏》、《禁》等篇题。第五块木牍由三块碎片缀合而成，残长 4.3 厘米、宽 3 厘米，分二栏书写，上书《分士》、《兴理》、《三乱》、《三危》、《亡里》等标题。

未发表的《银雀山汉墓竹简》第二、三辑的内容包括《论政论兵之类》、《将败》、《兵之恒失》、《王道》、《五仪》、《效贤》、《为国之过》、《务过》、《观庭》、《持盈》、《分士》、《三乱三危》、《地典》、《客主人分》、《善者》、《五名五恭》、《起师》、《奇正》、《将义》、《观法》、《程兵》、《十官》、《六举》、《四伐》、《亡地》、《义》、《十阵》、《十问》、《略甲》、《万乘》等近五十篇。还有《阴阳时令占侯之类》的《曹氏阴阳》、《阴阳散》、《禁》、《天地八风五行客主五音之居》等十余篇。其他类有《唐勒》、《相狗》、《清禾》、《传言》等十余篇。

银雀山汉墓竹简所见先秦古籍为我们研究中国古代历史、哲学、政治、军事乃至历法、文字、简册制度、书法艺术等都提供了珍贵的第一手资料，意义十分重大。山东省博物馆、临沂文物组：《山东临沂西汉墓发现〈孙子兵法〉和〈孙膑兵法〉等竹简简报》（刊于《文物》1974 年 2 期），首次介绍银雀山汉墓出土竹简。此后，陆续发表的银雀山汉墓竹简整理小组所做有关释文，计有《临沂银雀山汉墓出土〈孙子兵法〉残简释文》，刊于《文物》1974 年 12 期；《临沂银雀山汉墓出土〈孙膑兵法〉释文》，刊于《文物》1975 年 1 期；《临沂银雀山汉墓出土〈王兵〉篇释文》，刊于《文物》1976 年 12 期；《银雀山简本〈尉缭子〉释文（附校注）》，刊于《文物》1977 年 2

期；《银雀山竹书〈守法〉、〈守令〉等十三篇释文》，刊于《文物》1985 年 4 期。1975 年，文物出版社出版银雀山汉墓竹简整理小组编撰《银雀山汉墓竹简（壹）》，线装 10 函 10 册，内含简本《孙子兵法》和《孙膑兵法》的释文、注释、图版、摹本；1975 年出版的银雀山汉墓竹简整理小组编撰《孙膑兵法》32 开普及本，仅录释文，未收图版；1976 年出版的银雀山汉墓竹简整理小组编撰《孙子兵法》32 开普及本，亦仅录释文，未收图版；1985 年出版的银雀山汉墓竹简整理小组修订的《银雀山汉墓竹简（壹）》，精装 8 开本，内含简本《孙子兵法》、《孙膑兵法》、《尉缭子》、《晏子》、《六韬》、《守法守令等十三篇》的图版、摹本、释文和注释等，对此前已发表的部分做了不少更改；同年出版的吴九龙所编《银雀山汉简释文》32 开普及本，包含了银雀山 1、2 号汉墓出土的全部竹简、木牍的释文，未收图版。

## （一三）长沙马王堆汉墓简牍

1972 年，湖南省博物馆考古人员发掘了长沙马王堆 1 号汉墓，于该墓东边箱北端发现竹简三百一十二枚。竹简当时已散落为五个小堆，其中大部分位于一漆盒上，小部分叠压在一漆鼎和一陶鼎之下。竹简长 27.6 厘米、宽 0.7 厘米、厚约 0.1 厘米，系书写后用两道编绳编联成册，编绳虽已朽烂，但从绳痕可以看出两道编绳间距约 9 厘米，距上下两端亦 9 厘米左右，每简书字多者达二十五字，少者仅二字，墨书隶体。简文所记皆为随葬物品，记录形式有两种：一种是直接记载物品的名称、数量；另一种是对每类物品的小结，简的顶端都画一条粗墨线，开头二字为"右方"。所述物品包括副食品、调味品、酒类、粮食、漆器、梳妆用具、衣物、竹器、木制与土制明器等。这批竹简对研究汉代饮食文化尤其珍贵，所见饮食品种繁多，烹调方法讲究，不仅几乎包括《礼记·内则》所载，而且有许多品种未见于《内则》，内容亦较《内则》具体详细。简文所见粮食有稻、秜、秫、米、麦、黄粱、白粱、葵、麻等。瓜菜有瓜、藕、芋、襄荷、赖、芫等。草药有蕙、蒉、杜衡等。肉食品有兽、禽、鱼三类：兽类有牛、马、羊、犬、豕、鹿、兔等，涉及部位有胁、肤、膆、乘、肝、冒、含、弦、载、肩、脂等；禽类有雉、雁、凫、鹤、阴鹑、雀、鸡和蛋；鱼类有鲫、鲂、鲤、鲵、鳒等。调味品有糖、密、酱、盐、豉、鞠等。酒有白酒、米酒、温酒、肋酒等。果品有枣、梨、梅、杨梅、楠等。饼食有稻食、麦食、黄粱食、白粱食、粔籹、僕糗、稻密糒、稻颖、枣颖、白颖等。烹调及加工方法有羹（包括酵羹、白羹、巾羹、葑羹、苦羹）、炙、脍、濯、熬、腊、蒸、煎、濡、脯、菹等（图七）。

1号墓又出土木楬四十九枚，大部分出于西边箱，少部分出于南边箱和东边箱，出土时仍系在竹笥上的有十七枚，已掉落者十七枚。木楬顶部呈半圆形，用墨涂黑，有两个系绳的小孔。楬长7.1至12厘米不等、宽3.8至5.7厘米、厚0.2至0.4厘米。楬书文字主要用于标明竹笥所盛物品的名称，所记物品与竹简所见相类。

1973年12月至1974年初，湖南省博物馆考古工作者又发掘了马王堆2号和3号汉墓。其中3号墓出土简牍六百余枚（木牍六枚，其余为竹简）。竹、木简长27.4至27.9厘米，木牍长约28厘米、宽2.5至2.6厘米。竹简中有四百余枚为遣

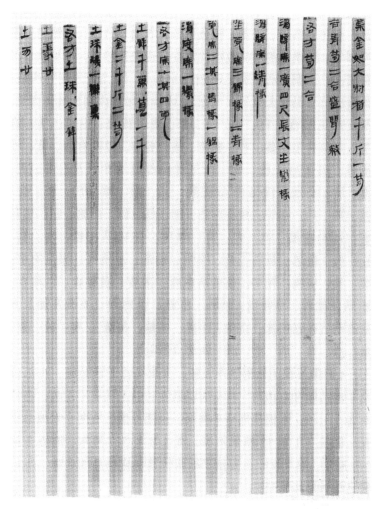

图七　马王堆 1 号汉墓出土遣册

册，具体记载随葬物品的名称及数量，其中有关车骑、乐舞、僮仆等侍从，及其所持兵器、仪仗、乐器等物，是 1 号墓简牍所未见的。简文所载食品、服饰和器具，也有不少新的内容。经与出土实物核对，简文所见除"土牛"、"土马"之类未见实物，其余大体都能对应，但带"右方"字样的小结简，不如1号墓多。此墓随葬物品的小结都另外写在木牍上。其中有三枚木牍记的是侍从和车骑，但所记大都见于棺室东西壁的壁画，不见相应实物。两枚木牍记载盛放各种食品的竹笥、瓦器、布囊的数目、放置的地方及物品来源。单独出于东边箱的一枚木牍，记载"禅衣"、"复衣"、"长襦"、"便常"等不同质料的多种衣物。还有一枚木牍见纪年，可知3号墓墓主下葬的确切年代为汉文帝前元十二年（公元前168年）。

尤值一提的是3号墓出土的二百二十枚医简（木简十枚，其余为竹简），原置于东边箱的长方形漆奁中，分卷成两卷，按内容划分包含四种书：《十问》、《合阴阳》、《杂禁方》、《天下至道谈》，其中只有《天下至道谈》为原简所设标题，另外三种皆为整理者据内容拟名。医简所述主要为养生及房中术，《十问》述"养阳"理论，采用服食、行气、导引、按摩等多种方法，因书中设有黄帝、尧、王子巧父、盘庚、禹、齐威王、秦昭王等十人所问，故整理者拟书名为《十问》。《十问》在服食方面主张合理饮食与药疗食补相结合，主张保持充足的睡眠，其中有许多与房中事相关，与《汉书·艺文志》著录的古房中术关系紧密，只不过《十问》偏重于养阳方面，是这方面资料的汇编。《合阴阳》主要论述性技巧，篇首有"凡将合阴阳之方"句，故整理者拟以为书名，共分八章：第一章述交媾过程，第二章述"十动"，第三章述"十节"，第四章述"十修"，第五章述"八动"，第六章述"五音"，第七章述交合所益，第八章述"十已之徵"。《杂禁方》主要讲巫诅禁咒，许多内容涉及房中，与《医心方》卷二十六《相爱方》相近。《天下至道谈》亦以房中术为主，多与《合阴阳》同，共分二十章（其中前两章无篇题）：第一章述"阴阳九窍俱产而独先死"的原因，第二章述"三诣"，第三章述"审操玉闭"，第四至第八章述"八益"、"七损"之类，第九章述"合男女必有则"，第十章述"十势"，第十一章述"十修"，第十二章讲"八道"，第十三章为第十至十二章的总结，第十四章述"八动"，第十五章述"五音"，第十六章述"八观"，第十七章述"五徵"、"五欲"，第十八章述"三至"、"十已"，第十九至二十章述女性器官及性高潮等。《天下至道谈》可以说是世界上现存最早的养生保健专著，它提出的"七损八益"是古代人们试图指导男女同房时的趋利避害之术。"八益"指八种有益男女身心健康的房事之道，包括"一曰治气，二曰致沫，三曰知时，四曰畜气，五曰和沫，六曰窃气，七曰待赢，八曰定倾"。"七损"指七种有损男女身心健康的房事弊端，包括"一曰闭，二曰泄，三曰竭，四曰勿，五曰烦，六曰绝，七曰费"。"七损八益"涉及汉代人对性生理、心理、保健的原则看法及具体措施，可看出其养生与房中术相结合的思想，有合理的因素，也有非科学的成分，今人不可盲目仿效。

1972 年，文物出版社出版了湖南省博物馆、中国科学院考古研究所合编《长沙马王堆 1 号汉墓发掘简报》，公布了 1 号墓的发掘情况。次年，文物出版社又出版了湖南省博物馆、中国科学院考古研究所编《长沙马王堆 1 号汉墓》（上、下册），刊登了 1 号墓发掘报告及出土简牍的全部照片和释文。关于马王堆 3 号汉墓出土简牍的情况，首见湖南省博物馆、中国科学院考古研究所：《长沙马王堆二、三号汉墓发掘简报》，刊于《文物》1974 年 7 期。1985 年，文物出版社出版马王堆汉墓帛书整理组编《马王堆汉墓帛书》（肆），书中收录了 3 号墓出土的帛书、竹简本医书，包括《足臂十一脉灸经》、《阴阳十一脉灸经》甲本、《阴阳十一脉灸经》乙本、《脉法》、《阴阳脉死候》、《五十二病方》、《却谷食气》、《导引图》、《养生方》、《杂疗方》、《胎产书》、《十问》、《合阴阳》、《杂禁方》、《天下至道谈》（后四者为竹简）。

## （一四）定县八角廊汉简

1973 年 5 月至 12 月间，河北省文物管理处和定县博物馆发掘了定县八角廊村西南的 40 号汉墓，出土大批早年经焚烧炭化的残断竹简。长短不一，经初步整理，内容有：一、《论语》，存《学而》、《为政》、《八佾》、《里仁》、《公冶长》、《雍也》、《述而》、《泰伯》、《子罕》、《乡党》、《先进》、《颜渊》、《子路》、《宪问》、《卫灵公》、《季氏》、《阳货》、《微子》、《子张》、《尧曰》等篇，是汉代鲁论、齐论、古论三论并行时的本子，为校勘今本《论语》提供了极好的依据。二、《儒家者言》，已整理出《明主者有三惧》、《孔子之周》、《汤见祝网者》等二十三章及佚文四章，凡二十七章。其内容散见于今本《说苑》、《孔子家语》等先秦及西汉时期的典籍，可用以校正古书之谬误，亦是研究儒家学说的重要参考。三、《哀公问五义》，文见今本《荀子》、《大戴礼记》及《孔子家语》，竹简形制与其他内容的简书有别。四、《保傅传》，文与今本《新书》、《大戴礼记》所见相类。五、《太公》，存《治国之道第六》、《以礼义为国第十》、《国有八禁第卅》等十三个篇题，另有六篇之内容见于传世本，但未存标题。由于简本比今见传世本太公书的内容广泛许多，故对研究太公的著作和思想有很高的参考价值。六、《文子》，简本中约有三分之一强的内容与今本《道德篇》相类，另有少量文字与今本《道原》、《精诚》、《微明》、《自然》篇的内容相似，其余则为未见于今本的佚文。整理者认为："今本《文子》是经过窜改的，而定州汉简《文子》的发现，虽为残本，但会对《文子》的研究和正名，提供宝贵的依据。"七、《六安王朝五凤二年正月起居记》，载汉宣帝五凤二年（公元前 56 年），六安国缪王刘定到长安入朝途中的经历及朝谒庆赏活动的情况。简文详记沿途经过的地名及其相距里程，是研究历史地理的极佳资料。八、《奏议》，乃汉重臣萧望之呈上朝廷之奏议，与《论语》共出。九、《日书》。

有关报道见河北省文物研究所：《河北定县 40 号汉墓发掘简报》，载于《文物》1981 年第 8 期。关于竹简内容的介绍见国家文物局古文献研究室、河北省博物馆、河北省文物研究所定县汉墓竹简整理小组：《定县 40 号汉墓出土竹简简介》，载于《文物》1981 年第 8 期，同期《文物》亦公布了《儒家者言》释文。此后，于 1995 年由河北省文物研究所定州汉简整理小组撰《定州西汉中山怀王墓竹简〈文子〉的整理和意义》、《定州西汉中山怀王墓竹简〈文子〉释文》、《定州西汉中山怀王墓竹简〈文子〉校勘记》，皆刊于《文物》1995 年第 12 期。续之，1997 年河北省文物研究所、定州汉墓竹简整理小组又撰《定州西汉中山怀王墓竹简〈论语〉释文选》、《定州西汉中山怀王墓竹简〈论语〉选校注》、《定州西汉中山怀王墓竹简〈论语〉介绍》，皆刊于《文物》1997 年第 5 期。1997 年，文物出版社出版河北省文物研究所定州汉墓竹简整理小组编《论语》一书。其他内容的竹简正在整理中。

## （一五）居延新简

　　居延新简乃相对于 20 世纪 30 年代在额济纳河流域烽隧遗址出土的居延汉简而言。1972 年，由甘肃省文化局文物处、甘肃省博物馆文物工作队、酒泉地区文教局、额济纳旗、金塔县、酒泉县、玉门市、安西县、敦煌县及当地驻军等有关部门组成的居延考古队，沿额济纳河流域，南起金塔县双城子，北至额济纳旗居延海进行了全面的考古调查，获大批简牍及实物（图八）。1973 至 1974 年间，居延考古队分别对北部地区的甲渠候官遗址（俗名破城子，前西北科学考察团编号A8）、甲渠

图八　甘肃省考古工作者考察障燧遗址

塞第四隧遗址（蒙语名保都格，前西北科学考察团编号 P1）、肩水金关遗址（前西北科学考察团编号 A32）等三处不同类型的遗址进行了全面发掘，发掘面积 4500 平方米，出土简牍一万九千余枚、实物二千三百余件。1976 年，该队又于额济纳旗布肯托尼以北地区开展考古调查，获木简一百七十三枚。1982 年，该队再赴甲渠候官遗址进行复查，又获简牍二十枚。上述调查与发掘，先后历时十年，最重要的是 1972 至 1973 年间在甲渠候官等三处遗址的发掘。

甲渠候官遗址位于今内蒙古额济纳旗政府所在地南 24 公里处的纳林、伊肯河之间的戈壁滩上，是汉代居延都尉西部防线甲渠塞候的治所。前西北科学考察团曾在此处发掘四个地点，出土简牍五千二百余枚、实物一千二百三十余件，70 年代的发掘不仅包括前西北科学考察团所挖地点，还扩大了发掘面积，共开挖六十八个探方，出土简牍八千余枚。甲渠塞第四隧遗址位于甲渠候官南 5.3 公里的伊肯河西岸，与甲渠候官相隔三座烽火台，前西北科学考察团于此处仅发现一枚汉简，70 年代的发掘共开挖两个探方，出土简牍一百九十五枚。肩水金关遗址位于甘肃金塔县天仓北 25 公里处，前西北科学考察团曾于此获简八百五十余枚，70 年代居延考古队于此获简一万一千五百七十七枚、实物一千三百一十一件，搞清了汉代关门的基本结构。居延新简的发现，无论在数量上还是简牍内容的丰富程度上都是空前的。与 30 年代居延汉简的发现相比，这次发掘范围较广，而且按科学要求进行，在文物出土地点、层位、断代、编缀等方面均取得系统资料，不仅有利于简牍的整理，亦对汉代烽隧遗址的面貌，有了远比以前清晰和准确的了解，对研究我国古代军事防御体系和古代的城池、关隘等遗址，都有重要的参考价值。

居延新简与旧简一样，大多数为木质，只有少量竹简，品
种有简、两行、牍、觚、楬、检、削衣等。完整的简牍大多长
23 厘米左右，合汉尺一尺，最长者达 88.2 厘米。甲渠候官遗址
及第四隧遗址出土的纪年简牍，上限不早于汉昭帝始元纪年
（公元前 86～前 80 年），最晚者见西晋武帝太康四年（公元 283
年），汉昭帝至新莽间的纪年简达五百枚左右，年号基本能连
续，属于宣帝时期的最多，东汉光武帝以后的纪年简数量很少。
新莽末至光武帝建武初年者，尚见更始帝刘玄的更始二年、三
年及刘盆子政权的建世二年，还有割据陇西的隗嚣复汉元年及
西汉平帝年号顺延的汉元始廿六年（相当于汉光武帝建武二年，
即公元 26 年），建武三年（公元 27 年）才奉东汉纪年正朔。许
多探方的纪年简有明显的年代倾向，如探方 68 的纪年简集中于
天凤三年（公元 16 年）至建武八年（公元 32 年）间（其中以
建武六年居多），22 号房舍遗址的纪年简集中于天凤一年（公元
14 年）至建武八年间（其中以建武三年至建武七年居多），探方
5 和探方 58 纪年简的年代集中于地节（公元前 69～前 66 年）与
元康（公元前 65～前 61 年）年号，探方 51 纪年简的年代则集
中于永光（公元前 43～前 39 年）至建始（公元前 32～前 28 年）
年号。上述年代倾向对简牍的分期断代有重要的参考价值。

居延新简最显著的特点是出土了大量的简册，其中甲渠候
官第 22 号房舍遗址保存的完整册书最多，而且都是当时的实
用档案文件。据何双全的初步统计，居延新简中能编联的册书
达三百四十余册，其中完整者四十六册，不完整者二百一十八
册，残缺较甚者八十余册。主要简册如《建武三年十二月候粟
君所责寇恩事》册（图九），是一份由三十六枚木简组成的民

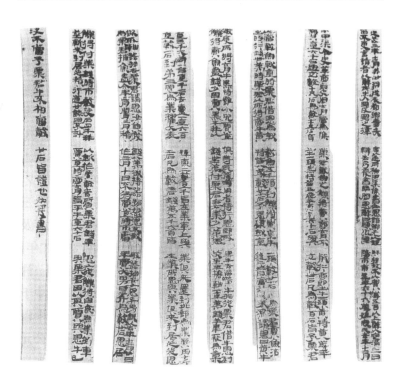

图九　居延新简爰书册

事诉讼案卷，内含三份"爰书"及一枚案卷标题楬。零散的"爰书"残册亦多见，包括"自证爰书"、"射爰书"、"秋射爰书"、"证任爰书"、"病卒爰书"等。《劾状》册见十份以上，较长者每册系联二十六枚木简。每份《劾状》由劾文、状辞及呈文组成，属起诉类文书。《建武八年三月以令祠社稷》册，由九枚简编联而成，述官府发布文告确定祠社稷日期及要求。《塞上烽火品约》册，由十六枚简组成，是东汉初年施行于居延都尉府所属甲渠、殄北、三十井塞的燔举烽火规约。《罪人入钱赎品》册，由三枚简组成，规定犯人以钱赎罪的等次。
《建武四年十一月甲渠候推辟验问书》册，由二十八枚简组成，
追查有关人员传递书檄留迟的案件。《相利善剑》册，由六枚
简组成，介绍善剑与恶剑的特征及辨别方法。《甲渠上言胡虏
犯塞》册，由二十二枚简组成，讲述建武八年间匈奴人攻击居
延边塞的战事，此后简牍中遂未见甲渠屯戍的资料，可知这次
打击是致命的。《甲渠官吏迁补书》册，由五枚简组成，述甲
渠塞吏员免缺迁补事。《居延都尉吏奉》册，由十枚简组成，
是建武三年（公元 27 年）领河西五郡大将军张掖属国都尉窦
融下达供给居延都尉下属各级官吏俸禄的规定。《建武三年守
候长移隧长病书》册，由三枚简组成，是某守候长转呈下属隧
长病假报告的呈文。《甲渠塞诸部弦矢校簿》册，由十一枚简
组成，是甲渠候官下属诸部弦矢的盘点统计账。《省兵物录》
册，由六枚简组成，是新莽始建国地皇四年（公元 23 年）七
月有关官员视察边塞守御器具情况的调查提纲。除上述册书
外，未成册之简札及木牍也有很多有价值的内容，如《候史广
德坐罪行罚檄》，是关于某部候史广德工作失职而被处罚的通
报。《传置道里簿》，详述通往河西的二十个传置的名称及里
程，途经京兆、右扶风、北地、安定、武威、张掖等郡，对确
定敦煌以东的交通路线有重大意义。通过对甲渠候官及甲渠第
四隧遗址所出新、旧居延简的综合考察，可以较清晰地看出甲
渠候官的规模：通常下辖十部、约八十座烽隧，吏员一百零八
人左右，卒员二百四十至三百人不等，还可明确大部分部隧的
隶属关系。总之，新、旧居延汉简不仅反映了汉代居延地区的
屯戍活动，也为研究汉代的政治、军事、经济、文化乃至语言
文字及书法提供了极为珍贵的第一手资料（图一〇）。

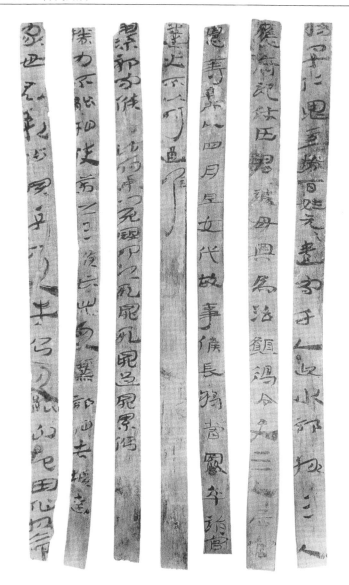

图一〇  居延新简中的草书简

关于居延新简的报道，首见甘肃居延考古队《居延汉代遗址的发掘和新出土的简册文物》，刊于《文物》1978 年 1 期。同期《文物》还刊登徐苹芳《居延考古发掘的新收获》及居延考古队简册整理组：《〈建武三年候粟君所责寇恩事〉释文》。甘肃居延简整理组《居延汉简〈候史广德坐罪行罚檄〉释文》，刊于《文物》1979 年 1 期。居延考古队简册整理组《〈塞上烽火品约〉释文》，刊于《文物》1979 年 4 期。1990 年，文物出版社出版甘肃省文物考古研究所、甘肃省博物馆、文化部古文献研究室、中国社会科学院历史研究所合编《居延新简》32 开平装本，仅公布甲渠候官和第四隧遗址出土简牍的释文，无图版。1994 年，中华书局出版甘肃省文物考古研究所、甘肃省博物馆、中国文物研究所、中国社会科学院历史研究所合编《居延新简——甲渠候官、甲渠塞第四隧》8 开精装本，公布了甲渠候官与第四隧遗址出土简牍的释文和图版，又增加1972 至 1982 年间在居延地区及复查甲渠候官遗址时所获简牍的释文和图版。肩水金关遗址所出一千二百余枚简牍也已整理定稿，但未出版发行。

## （一六）江陵凤凰山汉简

1973 至 1975 年间，湖北省考古工作者在江陵纪南城凤凰山古墓区发掘了一批汉墓，其中出土简牍者如下。

8 号墓出土竹简一百七十六枚，原置于头箱底部，完整简长 22.4 至 23.8 厘米、宽 0.55 至 0.8 厘米、厚约 0.1 厘米，简文载随葬品清单，计有衣物、奴婢俑、器皿等，小结简称之为"籍"，见"耦人籍"、"食器籍"、"瓦器籍"、"芥伤籍"等。

所载奴婢大多操持农具钜、插、叟、耒，亦有持盾及化妆用具梳、镜等，对研究汉代奴婢制度有参考价值。

9 号墓出土木牍三枚，每枚残长约 16.5 厘米、宽 3.8 至 4.9 厘米、厚 0.25 至 0.4 厘米，上端皆缺，所书为安陆守丞之上行文书。出土竹简约八十枚，内容为随葬品清单。

10 号墓出土竹简一百七十枚、木牍六枚，原置于边箱竹笥内。竹简一般长 23 厘米、宽 0.7 厘米、厚 0.15 厘米，有两枚形制较大者长 37.3 厘米、宽 2.9 厘米、厚 0.25 厘米。木牍长 23 至 23.5 厘米、宽 4.6 至 5.8 厘米、厚 0.3 至 0.4 厘米。简牍内容较丰富，其中有较多的乡里文书是过去没有见过的。第 1 号木牍记随葬器物清单及平里五大夫给冥间吏的呈文。第 2 号木牍载交钱名单。第 3 号木牍自称"中瓶共侍约"，是一份合同契约，为研究当时的集体劳动组织形式提供了珍贵的资料。第 4 号木牍两面书字，是当时西乡之市阳、郑里二至六月收算赋的登录账，所录含每里每月算赋总数、每人交款额、上交时西乡的接收人，有的还说明算赋的用途。第 5 号木牍亦两面书字，所载为算赋支出账，述当利里某年正月、二月间赋钱的总数及其支出方向，支出用途含发放吏俸、修缮兵器等。第 6 号木牍载平里等户人交纳刍稾的情况。竹简内容繁杂，含交纳田租、廪粮、各类粮食的推算，户口劳动力、田亩数、贷种数登录，每户男、女数及纳赋人数，出行（或为服徭役）情况，各种名籍及其他涉及酒、枲麻的账本，其中有许多竹简文字已漫漶不清。

167 号墓出土木简七十四枚，简长 23 厘米、宽 1 至 1.5 厘米、厚 0.2 至 0.3 厘米，内容为随葬物品清单，所记有车马、御者、从事农业及家务劳动的奴婢俑、各种器皿、粮食及其盛物袋和其他物品。出土木楬5枚，尚系在置于头箱的绢袋上，其上署粮食名称及数量。

168号墓出土竹牍一枚、竹简六十六枚、带字天平衡杆一件、无字木牍六枚。其中竹牍长23.2厘米、宽4.1至4.4厘米，内容为江陵丞告地下丞文书，述墓主市阳里五大夫遂下葬事。竹简长24.2至24.7厘米、宽0.7至0.9厘米、厚0.1厘米，设两道编绳，内容为随葬品清单。天平衡杆之正、背、侧三面皆有文字，正反面连读的市阳户人设权衡的文字及与之相关的律文，侧面署律名"□衡律"。

169号墓也曾出土一批竹简，内容为随葬器物的清单。

有关资料见长江流域第二期文物考古工作人员训练班：《湖北江陵凤凰山西汉墓发掘简报》，刊于《文物》1974年6期。文章介绍了8、9、10号墓的发掘情况。关于上述三墓出土简牍的详情及考证，见黄盛璋：《江陵凤凰山汉墓简牍及其在历史地理研究上的价值》，刊于《文物》1974年6期；弘一：《江陵凤凰山十号汉墓简牍初探》，刊于《文物》1974年6期；裘锡圭：《湖北江陵凤凰山十号汉墓出土简牍考释》，刊于《文物》1974年7期；金立：《江陵凤凰山八号汉墓竹简试释》，刊于《文物》1976年6期。关于167号汉墓及竹简，见凤凰山167号汉墓发掘整理小组：《江陵凤凰山167号汉墓发掘简报》，又吉林大学历史系考古专业赴纪南城开门办学小分队：《凤凰山167号汉墓遣册考释》，二文皆刊于《文物》1976年10期。关于168号汉墓及简牍，见纪南城凤凰山168号汉墓发掘整理组：《湖北江陵凤凰山168号汉墓发掘简报》，又《文物》月刊编辑部：《关于凤凰山168号汉墓座谈纪要》，皆刊于《文物》1975年9期。关于169号汉墓，见俞伟超：《古代分期问题的考古学观察（一）》，刊于《文物》1981 年 5 期；又陈振裕：《从凤凰山简牍看文景时期的农业生产》，刊于《农业考古》1982 年 1 期。

## （一七）阜阳双古堆汉简

1977 年间，安徽省阜阳市博物馆在阜阳双古堆 1 号汉墓发掘出大批竹简。竹简原置于一竹笥内，因墓室已塌，竹简遂被挤压粘连成块状，文物保护专家精心处理后逐步将其剥离。剥离的简片薄如纸，皆残断。据出土物所见"女（汝）阴侯"铭文及"十一年"纪年，可确认墓主为西汉第二代汝阴侯夏侯灶，竹简的年代或稍早于此。

阜阳双古堆汉简的内容比较丰富，经初步整理归纳，含《诗经》、《周易》、《仓颉篇》、《年表》、《大事记》、《万物》、《作务员程》、《行气》、《相狗经》、《楚辞》、《刑德》、《日书》及一些干支残片，分述于下：

《诗经》残简凡一百余枚，内容包括今本《国风》中的《周南》、《召南》、《邶》、《鄘》、《卫》、《王》、《郑》、《齐》、《魏》、《唐》、《秦》、《陈》、《曹》、《豳》等残片，计有残诗六十余首（有的仅存篇名）。《小雅》有《鹿鸣》、《四牡》、《常棣》、《伐木》。每首诗见篇题和字数，如"日月九十六字"等。常设尾题，如"右方北国"、"右方郑国"等。简本《诗经》不属于齐、鲁、韩、毛这四家，很可能是未被《汉志》著录而流传于民间的另一家，有的学者推测它是"楚国流传下来的另一种本子"。整理者将简本《诗经》与毛诗作比较，将其异文分为四类：一、音义相同或相近的异文。二、音义不同的异文。

三、虚词的异文。四、今本《毛诗》或简本的错字造成的异文。这些异文对研究汉初语言和诗义都很有价值。

《周易》残简凡三百多枚，包括今本《易经》六十四卦中的四十多卦，其中有卦画、卦辞的九枚，有爻辞的六十多枚。简本《周易》的卦形与马王堆帛书及今本《易经》皆不同，其阴爻作"∧"形，但仅见临、离、大有三卦。简本《周易》当属《汉书·数术略》所见《周易》三十八卷、《於陵钦易吉凶》二十三卷、《大次杂易》三十卷等属于筮龟家的《易》之类。简本《周易》辞后尚有卜事之辞，有固定的格式，内容涉及各种天象和人事的吉凶，如晴雨、征战、田猎、捕鱼、事君、求官、行旅、出亡、嫁娶、疾病等。

《仓颉篇》残简，现存凡五百四十一字，与存世本及《流沙坠简》、居延汉简等所载《仓颉篇》相校有异文，其中有避秦始皇讳的句子，如"饰端修法"，"端"字即避"政"字而改，当为未经汉代人修订的古本，与汉代"闾里书师合《仓颉》、《爰历》、《博学》三篇，断六十字以为一章，凡五十五章"的修订本不尽相同。

《年表》与《大事记》残简近二百枚。《年表》所记上起西周，下迄汉初，载各国君王在位之年，所见王、公、侯、伯多以谥号相称，如楚熊噩、吴州于之类。《大事记》仅存少量残简。

《万物》残简凡五十余枚，属残简中较长者，每简存字最多者达三十余字。简文中有"□下之道不可不闻也，万物之本不可不察也，阴阳［之］化不可不知也"，整理者乃择其中"万物"二字为题。此篇内容比较庞杂，主要有两类：一类是医药卫生方面的内容，包括各种药物的功能效用、各种疾病的成因及与神仙相关的内容。另一类是物理、物性方面的，包括讲某物致某用、一些物理现象与自然现象、动植物的捕获与养殖等，或与《汉志·方技略》所云"神仙"十家，如《黄帝杂子十九家方》、《泰一杂子十五家方》等相类。

《作务员程》残简近百枚，残破较甚，内容主要涉及手工业及工程建设方面，包括器物制作、农产品加工、建筑工程及劳动工作量方面的规格、标准等。所见劳动力有上工、中工、下工之分，工作量的计算有夏日、春秋日、冬日之别，区分相当精细，此外尚有少量度量衡制度方面的材料。这些材料与睡虎地秦简《秦律十八种·工人程》有可相互参证之处，故整理者取秦简所见"作务员程"一语以名之。

《行气》残简存数枚，简文载行气的方法与功能。

《相狗经》残简存数枚，述狗之体态特征，或与《汉志·数术略》形法家中的《相六畜》之类相似。

《楚辞》残简存数枚，其中《离骚》残句存四字，《涉江》残句存五字。尚有辞赋体之残字，作者未详。

《刑德》、《日书》残简凡数百枚，内容皆为星象、天文与人间吉凶的关系，意在避凶趋吉，与睡虎地秦简及马王堆帛书所见相类。尚见一些干支表残片，或为《刑德》与《日书》之附件。

篇题木牍凡三枚，一枚完整，二枚残破。完整者两面书字，存四十六个篇题，大多见于今本《孔子家语》，内容多与孔子及其弟子相关。另一木牍残破，两面书字，尚存二十余篇题，可见于刘向著《说苑》、《新序》中，竹简有与此类篇题相应的内容。再一枚残木牍，单面书字，多以两个字为题，如"乐论"、"智过"、"颂学"等，似与《荀子》有关。

有关资料见安徽省文物工作队、阜阳地区博物馆、阜阳县文化馆：《阜阳双古堆汝阴侯墓发掘简报》，刊于《文物》1978年8期。文章介绍了墓葬发掘及出土简牍概况。文物局古文献研究室、安徽省阜阳地区博物馆阜阳汉简整理组：《阜阳汉简简介》，刊于《文物》1983年2期。文章较全面介绍了阜阳汉简的内容。同期《文物》亦发表了阜阳汉简整理组撰写的《阜阳汉简〈仓颉篇〉释文》。阜阳汉简整理组：《阜阳汉简〈诗经〉释文》及胡平生、韩自强：《阜阳汉简〈诗经〉简论》，刊于《文物》1984年8期。阜阳汉简整理组：《阜阳汉简〈万物〉释文》及胡平生、韩自强：《〈万物〉略说》，刊于《文物》1988年4期。1988年5月，上海古籍出版社出版了胡平生、韩自强合著《阜阳汉简〈诗经〉研究》一书，公布简本《诗经》的全部照片和释文，附有摹本及复原图。

## （一八）敦煌后期汉简

敦煌后期汉简乃相对于20世纪前期在敦煌及附近地区发现的汉简而言，计有1977年8月间嘉峪关市文物保管所在玉门花海农场附近的汉代烽隧遗址中采集的简牍九十一枚；1979年6月，甘肃省文物工作队和敦煌市博物馆于小方盘城以西11公里的马圈湾发现一座斯坦因以往考察遗漏的烽隧遗址，获简牍一千二百一十七枚；1981年，敦煌市博物馆在酥油土汉代烽隧遗址中采得简牍七十六枚；1986至1988年间，敦煌市博物馆在敦煌地区进行文物普查，陆续采得汉简一百三十七枚，包括后坑墩十七枚、马圈湾墩四枚、小方盘城二枚、臭墩子墩二枚、小方盘城南第一隧五枚、小方盘城南第二隧十二枚、盐池湾墩十一枚、小月牙湖东墩十九枚、悬泉遗址六十四枚（此后悬泉遗址出土了大批简牍，详后文"敦煌悬泉汉简"）。上述几批汉简中，以马圈湾遗址出土汉简数量最多，内容亦最丰富。该遗址位于敦煌市西北95公里处，东距小方盘城11公里，西距后坑2.7公里，北距疏勒河8公里，坐标为东经93°45′、北纬40°21′，由烽火台及房舍坞墙组合而成，其中烽火台呈长方形，底基7.6×8.35米、残高1.87米，以每隔三层土坯夹一层芦苇垒砌而成，烽火台东侧建有房舍。出土简牍大多为木质，亦出土十六枚竹简，有一枚简以芦苇制成。

敦煌后期汉简的内容与敦煌前期汉简相类，大多数为与屯戍相关的官私文书，包括下行、平行、上行文书及各式账本和名册，此外还有历谱、《日书》、《九九术》、《苍颉》、《急就》、《相马》、《相刀》及药方等，绝大多数为西汉中期至新莽间物。其中马圈湾所出汉简，大量涉及玉门候官及大煎都候官事，为弄清这两个候官的规模及管辖范围提供了依据，也为确定玉门关的建制及位置提供了线索。关于玉门候官的规模，《敦》806载"玉门部士吏五人、候长七人、候史八人、隧长二十九人、候令史三人"，则玉门候官至少统辖八个部、二十九座烽隧。发掘者认为马圈湾烽隧遗址即玉门候官治所，今马圈湾与羊圈湾之间一高地（东经93°45′、北纬40°21′）可能成为探索西汉时期玉门关址的重要地点。大煎都候官是西汉时期通往西域的重要交通枢纽，在朝廷与西域诸国的关系上，发挥极为重要的作用，由敦煌至西域的北道，至迟在汉宣帝时，已由玉门关经大煎都候郭至居卢訾仓。尤其珍贵的是马圈湾出土简牍中，约有二百枚记载新莽中期在西域进行的一场战争，或为新莽使西域大使五威左率都尉何封给朝廷的综合性报告，文中亦摘录许多其他将领上报的文件。简文揭示交战主要是在新莽与焉耆、匈奴联军之间进行，卷入战争的还有许多城郭小国，其中以车师等北道诸国受害最深。作战始于天凤三年（公元 16 年）上半年，天凤四年（公元 17 年）新莽兵败退回敦煌。简文涉及的重要人物有西域大都护李崇、戊己校尉郭钦、大使五威左率都尉何封，亦见许多参与作战的中级军官诸司马等。敦煌后期汉简所见尚有不少司法文书，如《敦》219 至 222 简为新莽中期的一份司法案卷，涉及杀人命案，被杀者为身份较高的大尉（相当于两汉的都尉），惊动新莽大司空隆心公王邑插手此案，但事发后作案人已逃亡，结局未详。所出名籍中，有些还注明戍卒的特长如"木工"、"能为枲履"之类。《敦》696 见"甲子赦令"，此或指汉哀帝建平二年（公元前 5 年）之甲子制书，见于《汉书·哀帝纪》及居延新简。

关于玉门花海烽隧遗址出土汉简，见嘉峪关市文物保管所《玉门花海汉代烽隧遗址出土的简牍》，刊于甘肃省文物工作队和甘肃省博物馆合编的《汉简研究文集》。关于敦煌马圈湾汉代烽隧遗址的发掘及出土简牍情况，见甘肃省博物馆、敦煌县文化馆《敦煌马圈湾汉代烽隧遗址发掘简报》，亦刊于《汉简研究文集》。关于后坑墩等遗址采集的简牍，见敦煌市博物馆《敦煌汉代烽隧遗址调查所获简牍释文》，刊于《文物》1991年 9 期；又见《简帛研究》第 1 辑所登何双全《敦煌新出简牍辑录》一文。上述简牍之汇编，见 1991 年甘肃人民出版社出版的甘肃省文物考古研究所编，吴礽骧、李永良、马建华释校《敦煌汉简释文》。又 1991 年中华书局出版的甘肃省文物考古研究所编《敦煌汉简》（图一一）。

图一一　敦煌马圈湾烽燧遗址出土被用于制作狩猎具的木简

# （一九）江陵张家山汉简

1983 年底至 1984 年初，湖北省荆州地区博物馆在江陵张家山发掘三座西汉初年古墓，分别编号为 M247、M249、M258，出土一批具有明显时代特征的随葬品及大量竹简。其中 247 号墓出简最多，达一千多枚。竹简原分置两处，一处在头箱内紧贴椁室西挡板的底部，其上被淤泥及漆木器覆盖，多残断；另一处位于头箱内紧靠南壁板的底部，亦被压在淤泥及其他物品下。竹简原当置于竹笥中，但竹笥已朽，故表层竹简多残断，里层部分则保存较完整。据推测，竹简原先是分卷放置的，墓室进水浸泡后漂浮以致散乱。竹简各篇多有篇题。M249 竹简原位于边箱西北角的底部，大多残断。M258 早年曾被盗，竹简出在头箱东北角底部，散在淤泥中，数量很少，皆残断。现将初步整理后的简文内容分述如下：

《汉律》竹简凡五百余枚，原为一卷，其中一简简背书"二年律令"当为标题。此外尚见"律令二十□种"、"津关令"等篇题。今见于简文的律令名称有《贼律》、《盗律》、《具律》、《告律》、《捕律》、《亡律》、《收律》、《杂律》、《钱律》、《置吏律》、《均输律》、《传食律》、《田律》、《市律》、《行书律》、《复律》、《赐律》、《户律》、《效律》、《傅律》、《置后律》、《爵律》、《兴律》、《徭律》、《金布律》、《秩律》、《史律》、《津关令》、《奴婢律》、《蛮夷律》等。上述律名中有一部分与睡虎地秦简《秦律十八种》所见同，如《置吏律》、《传食律》、《田律》、《行书律》、《效律》、《徭律》、《金布律》即是。以张家山汉律与睡虎地秦律相比，前者包含了汉律主体《盗律》、《贼律》的内容，而后者未包含。与秦简所见《秦律十八种》的情形一样，汉简《二年律令》也是对当时适用律令的摘抄，并不是汉《九章律》的全部，但还可能含有《傍章》的内容。简文见吕后父吕公谥号"吕宣王"，明显属于吕后时的条文，由此知汉简律文颁布的下限不早于吕后执政时期。《贼律》所涉事项有谋反、弃守、杀人、流杀人、伤人、燔烧、失火、伪写玺印、矫制、上书、言谩、增减券书、毁封、挟毒，亡失印、书、符、券、门钥等。《盗律》所涉主要是偷盗方面的事,以物品价值为量刑轻重的依据,对五人以上的团伙盗窃加重惩治,对偷盗财物运出边关设有专条惩处。《具律》是诉讼方面的具体规定,犹今程序法,包括官吏在诉讼过程中的权限,原告、被告的权利和义务,律文中还有关于赎金、刑徒及奴婢犯罪的规定。笔者认为《具律》中有许多律条当归入《囚律》,但简文未见《囚律》标题,或已磨灭散失。《告律》亦属于程序法范畴,其中关于诬告的条文较多,还规定凡子告父母、妇告威公、奴婢告主人者,皆不听而且弃告者市。《捕律》是关于抓捕罪犯的规定,包括组织形式、奖惩办法等。《亡律》是关于惩处逃亡者的规定,对不同身份的人量刑不一,涉及奴婢的条文尤多。《收律》是关于没收罪人妻子及田宅财物的规定。《杂律》所涉事项庞杂,较多的是对强奸、和奸、强略人妻的规定,亦涉及博戏夺财、越垣、强质等。《钱律》规定行用钱、金的标准,严禁私铸钱。《置吏律》是关于编置官吏的规定,也包括诸侯王、彻侯置姬及诸侯王女的称谓。《均输律》仅见一残简。《传食律》是关于传置驿站宿客提供膳食的规定。《田律》是关于田亩制度的规定。《市律》规定市场的列、伍组织及布帛的尺寸规格。《行书律》是关于传递邮书的规定,包括邮置的设置、传递邮件的速度等。《复律》仅一枚,规定事县官者复其户。《赐律》涉及赐衣、赐酒食、赐棺椁等具体规定。《户律》涉及面广,包括二十等爵受田宅,订立遗嘱,连坐制度等。《效律》是关于核校盘点的规定。《傅律》涉及申报人口、退休制度,对残疾人及高龄老人的优惠政策也有详细说明。《置后律》规定有爵者如何安排继承人。《爵律》条文甚少,涉及当赐受爵与当拜爵的区别。《兴律》是关于应征赴役的规定，其中含对不尽义务者的惩罚等。《徭律》是对服徭役的详细规定。《金布律》是对廪给受授钱、布、粮草的若干规定。《秩律》规定各级官员的秩禄。《史律》是关于史、卜、祝三种人员的规定。《津关令》辑录关于津关的制诏，每条设有编码。

《奏谳书》简凡二百枚左右，是有关疑难案件的报告。所述案例大部分属于汉高祖时期，所见历朔还有秦始皇六年、廿七年、廿八年，表明汉代法制是对秦制的继承。另外还有春秋时期的两条案例，治狱者一为史鳛（子鱼），一为柳下季，或与汉代以《春秋》决狱的风气有一定关系。

《盖庐》简记吴王盖庐与申胥的问答。通常是盖庐问而申胥回答，所以主要反映申胥的军事思想，系一篇兵家著作。申胥即伍子胥，《汉书·艺文志》中的《兵书略》见《五（伍）子胥》十篇、图一卷，久已亡佚。申胥强调"四时五行，以更相改，天地为方圜，水火为阴阳，日月为刑德"等思想，有明显的兵阴阳家倾向，与马王堆汉墓帛书同类佚籍有许多共同之处，将两者结合起来考察，可以对先秦乃至汉初兵阴阳家的思想有比较深刻的认识。

《脉书》是关于人体经脉的学说，所含内容包括曾见于马王堆汉墓帛书的《阴阳十一脉灸经》、《脉法》、《阴阳脉死候》，当为此后之《内经·灵枢·经脉》的祖本。简本《脉书》比帛书本多一些文字，可补帛书所缺，其中许多病名，是从人头到脚依次叙述，也有属于全身性的，不少病名亦可在马王堆帛书《五十二病方》中找到。

《引书》是讲述导引术的医书，详细解说导引的各种动作，针对不同的疾病采用不同的导引方法。全篇约分为六个段落：第一段讲彭祖之道，述四季生活应注意的事项。第二段讲足部导引。第三段讲其他各种导引，共三十二种动作，见存三十个名称。第四段讲各种疾病的治疗及其相应的导引术。第五段是导引二十四式，有些与第三段有关联，有些则无关。第六段专述导引理论。简本《引书》当与马王堆汉墓帛书《导引图》密切相关，如简文所述"引穨"导引法与帛书《导引图》第二行编号图一五所见题"引颓"者相合，可见帛书《导引图》所见四十四个人物导引动作形象，古时当有相应的文字说明，也就是说简本《引书》的发现，使我们有可能再深入研究帛书《导引图》。

《算数书》是迄今考古发掘中首次出土的数学专著，保存较好，其年代早于人们公认的传世本中年代最早的《九章算术》，已整理出的小标题约六十个左右，是有关中国数学史的一次惊人发现。《算数书》与传世本《九章算术》形式相类，都是数学问题的汇编。《算数书》有的以算法为标题，如《相乘》、《分乘》、《合分》、《增减》等。有的则以对具体物资的计量为标准。如《税田》、《程禾》、《金价》之类。《算数书》所见标题《少广》与《九章算术》卷四《少广》同，具体内容也相近，表明其间有承续关系。

遣册所记随葬物品多与出土实物合，如简文载"算橐一"，实物见算筹；简文载"笔一有管"，实物见笔筒一件；简文载"剑一"，实物见木剑一件；简文载"轺车一两"，实物见木车一件；简文载"吴人男女七人"，实物见木俑七件等。

《日书》简出自 M249，原无标题，因其内容与睡虎地秦简《日书》大体相类，故名。

历谱简出自 M247 及 M258。据简文所见推算，M247 所出历谱年代在吕后至汉文帝初年，M258 所出历谱时在汉文帝前元五年（公元前 175 年）或稍后。

有关报道见荆州地区博物馆：《江陵张家山三座汉墓出土大批竹简》、张家山汉墓竹简整理小组：《江陵张家山汉简概述》，皆刊于《文物》1985 年 1 期。文章首次报告张家山汉墓的发掘及出土简牍情况。张家山汉简整理小组：《江陵张家山汉简〈脉书〉释文》，刊于《文物》1989 年 7 期。张家山汉简整理小组：《江陵张家山汉简〈引书〉释文》，刊于《文物》1990 年 10 期。张家山汉简整理小组：《江陵张家山汉简〈奏谳书〉释文》上、下，刊于《文物》1993 年 8 期、1995 年 3 期。1992 年，成都出版社出版了高大伦著《江陵张家山汉简〈脉书〉校释》。2001 年，文物出版社出版张家山汉简二四七号汉墓竹简整理小组《张家山汉墓竹简》［二四七号墓］一书，公布了 247 号汉墓出土竹简释文及图版。

## （二〇）连云港尹湾汉墓简牍

1993 年 2 至 4 月间，江苏省连云港市博物馆、东海县博物馆在连云港市东海县温泉镇尹湾村西南发掘六座汉墓。其中 2 号墓出土木牍一枚，6 号墓出土木牍二十三枚、竹简一百三十三枚。木牍和竹简原置于男棺墓主足部。木牍长 23 厘米、宽 7 厘米。竹简长 22.5 至 23 厘米，宽有两种，一种共二十枚宽 0.8 至 1 厘米（含一枚未书字的素简），另一种一百一十三枚宽 0.3 至 0.4 厘米。6 号墓所出木牍记有"永始"和"元延"年号，知其为西汉末成帝时物，墓葬之年代当属西汉末期。根据木牍的内容，可确定 6 号墓墓主姓师，名饶，字君兄，生前曾任东海郡功曹史。2 号墓出土新莽"大泉五十"一百零八枚，又所出木牍衣物疏中"四"字写作"亖",知其为新莽物,墓葬之年代稍晚于6号墓,从木牍内容推测,墓主为女性。

上述二墓出土之简牍数量虽不多,但文字写得很小,所以容字量很多,为以往所罕见,内容也十分丰富,详述如下:

《集簿》木牍,两面书字。"集簿"二字为墨书标题,字形较大,位于木牍上端中央。正文为墨书草体,字形很小,书于木牍两面,记载五个方面的内容:一、机构、行政区划类:含县、邑、侯国、乡、里、亭、邮、仓数,郡界。二、人员类:含县及乡三老、孝弟、力田数;太守府、都尉府、县、邑、侯国吏员数。三、户口类:含户、口、男、女、年七十以上、八十以上、九十以上、六岁以下数。四、土地类:含提封、侯国邑居园田、种宿麦面积、种树面积。五、钱谷类:钱出入、谷出入数。每个方面通常又分为若干项,如太守府吏员总数之下又分太守、太守丞、卒史、属、书佐、啬夫等。《集簿》所设项目近六十项,完整而成体系,都是当时朝廷必须掌握的情况,当属国家统计所设项目,与《续汉书·百官志》刘昭注引胡广《汉官解诂》"秋冬岁尽,各计县户口垦田,钱谷出入,盗贼多少,上其计簿"相类。

《东海郡吏员簿》木牍,两面书字,墨书隶体。正面第一行设有标题,但仅见"都尉县乡"四字。此牍全文凡三千四百余字,为迄今所见一牍中书字最多者。所记为东海郡太守府、都尉府,各县、邑、侯国及盐、铁官的官吏及数量。与上文所见《集簿》相校,二者同秩级吏员的总数基本相合,知《集簿》所见是在《东海郡吏员簿》的基础上汇总而成的。如果说《集簿》是属于综合统计,则《东海郡吏员簿》为分类明细统计账。有些统计项目在《集簿》中已被合并,如《集簿》所见都尉府属下"书佐十人"，《东海郡吏员簿》则作"书佐九人、用算佐一人"，显然"用算佐"在《集簿》中已被并入"书佐"统计。《东海郡吏员簿》载东海郡吏员总数为二千二百零二人，比《集簿》所记吏员总数少一人，被统计的官署包括郡级的太守府和都尉府，三十八个县、邑、侯国，一个铁官及一个分支机构，一个盐官和二个分支机构。《东海郡吏员簿》出现的地名，对研究历史地理乃至纠正《汉书·地理志》的错误有很大帮助，如从牍文中可知《地理志》"海曲"乃"海西"之误（清代人已指，今得以印证），"祝其"乃"况其"之误，"于乡"乃"干乡"之误。再如《地理志》"兰祺"，《王子侯表》作"兰旗"，《东海郡吏员簿》作"兰旗"。《地理志》"南成"，《王子侯表》作"南城"，《东海郡吏员簿》与《王子侯表》同。

《东海郡下辖长吏名籍》，书于两枚木牍上，其一枚两面书字，另一枚单面书字，皆分栏。牍文墨书隶体，分别记载东海郡二十个县、邑令（或长）、丞、尉，十八个侯国相、丞、尉，二个都官长、丞，十八个侯国家丞的姓名、籍贯、原身份和任职原因。任职途径主要有"以功迁"、"以廉迁"、"以秀材迁"、"举方正除"、"以捕斩群盗尤异除"、"以捕格不道者除"、"以请诏除"、"以军吏补"、"以国人补"等。其中"以功迁"者所占比例最大，为常规途径。其次是"以廉迁"、"以秀材"，指以德才晋升。

《东海郡下辖长吏不在署、未到官者名籍》，书于5号牍正面，上端原有大字标题，今已磨灭不可辨识。正文墨书隶体，分四栏书写。每行文字都记载有关长吏的官职和姓名，同时署明不在署的原因，主要有输钱都内、繇、告、宁、缺（包括死、免而缺）、有劾、未到官等。

《东海郡属吏设置簿》，书于 5 号牍背面，墨书隶书，分三栏书写，首行通栏记属吏总数，文云："……今掾史见九十三人。其廿五人员，十五人君卿门下，十三人以故事置，廿九人请治所，置吏赢员廿一人。"据《东海郡吏员簿》所见，此所载当为太守府属吏的设置编制。

《武库永始四年（公元前 13 年）兵车器集簿》木牍，两面书字，墨书隶体。正面首行为标题，通栏书写，其他文字正面分六栏、背面分五栏。内容为某武库永始四年的车马器与兵器统计。统计时先把皇室车兵器与库藏普通车兵器分为两大类。每大类又按若干小类组合，大体分为弓弩类、铠甲类、剑戟类、旌幡钲鼓类、战车类及其他。同类器物通常以重要者居前。同种器物则以主件居前，辅件及备件居后，如弩的排列为"弩、弩臂、弩纬、弩弦、弩维、弩矢、弩犊丸、弩兰"。此簿是迄今所见有关汉代武库最完备的器材统计账，指标项目多，数列明确。此牍正面第三栏下及背面第五栏后所书文字，内容与兵车器无关，字迹亦异，当为后书者。

《赠钱名籍》，书于 7 号和 8 号牍的正、背面，墨书隶体。7 号牍正面文字分七栏，背面分四栏；8 号牍文字正面分八栏，背面分四栏。内容记赠钱者姓名和钱数，其中有些仅书姓名，未记钱数。7 号牍背面第二栏见"永始二年（公元前 15 年）十一月十六日"，或为其中一次赠钱的时间。又 7 号牍背面第五栏末行书"外大母"，8 号牍正面第二栏末行书"淳于君房"、第八栏末行书"季母"，其前皆有黑圆点，所书或为受钱者。

《神龟占》、《六甲占雨》，书于 9 号牍正面。其中《神龟占》位于此牍上段与中段，上段为文字，共九行；中段为神龟图形，其左下角书"以此右行"。第一行文字为占法，其后八行与神龟图形的八个部位对应，这是一种根据日序占测盗者的占术，即以神龟的左后足为起点，按逆时针方向数日数，从当月的朔日数到占测的那一天，看它位于神龟何部位，再看与此部位相应的占文，便知其结果。《六甲占雨》书于9号牍正面下段，将六十甲子排列在一个表格式的图形中，图形下书有"占雨"二字，未见说明文字，占法不详。

《博局占》书于9号牍背面，牍之上段绘有博局图，是常见的规矩纹，中央书一"方"字，标有六十干支，图的顶部书"南方"二字。下段有五栏说明文字是配合图形专设的，墨书隶体，每栏首行为小标题，上端标圆点。小标题分别为"占取妇嫁女"、"问行者"、"问毁者"、"问病者"、"问亡者"，这些都是秦汉《日书》最常见的占测项目。第一栏第二行至第十行的首字，分别为"方、廉、楬、道、张、曲、诎、长、高"，与《西京杂记》卷四所引许博昌六博口诀基本一致，统管相应五栏，大概分别表示博局上的各种位置。占测时或据当日干支在博局图上的位置，到相应的文字栏中占测答案。此占也为解决学术界长期纷纭未有定论的博局镜问题提供了解题的线索，对六博的研究也有帮助。

《元延元年（公元前12年）历谱》木牍，两面书字，墨书隶体。正面为元延元年历谱，文字布局是先将该年13个月（包括"闰月"）分列于木牍首尾两端，注明每月的大小及朔日干支，其余干支则书于牍面左右，如此则六十干支正好按顺序围成一个长方形。然后将四立、二至、二分、三伏、腊日等各为某月某日分别连书于相应干支之下，布局非常巧妙。背面或为墓主贷钱的记录。

《元延三年（公元前10年）五月历谱》木牍，单面写字，墨书隶体，分四栏。首栏首行题"五月小"，继而记"建"、"反支"、"解衍"、"复"、"旨"、"月省"、"月杀"等，可查知该月值何地干或天干，以供择日之用。第二、四栏分别记该月二十九天的干支。第三栏笔迹内容皆与上述一、二、四栏不同，当为后书者，记令史、卒史等姓字。据历谱所见"五月小丙辰一日"推断，所载当为元延三年（公元前10年）五月历谱。

《君兄衣物疏》木牍，两面书字，墨书隶体，正面四栏，背面三栏。《君兄缯方缇中物疏》，书于第13号牍正面，墨书隶体，分三栏。《君兄节小物疏》，书于第13号牍背面，墨书隶体，分四栏。以上两牍所记为墓主随葬衣物、文具、书籍、什物清单。文中所见器具名称可补史载之不足，亦为出土文物的定名提供依据。

《谒》木牍共十枚，除一枚单面书字外，其余九枚皆两面书字，墨书隶体。其中一枚是东海郡太守级派遣功曹史请墓主师饶办事的请谒。有七枚是沛郡太守等官员派遣属下向已升任东海太守府功曹史的墓主请谒、问起居、问疾的名谒。有二枚是墓主本人或派遣官员向他人请谒所用。谒，类今名片。

《元延二年（公元前11年）日记》竹简，凡七十六枚，出土时编绳已腐朽脱落，经重新缀合编排，合五十六枚，当有缺简。简文中的干支及记事文字以墨书草体书写，其余的以隶体书写。竹简内容为日记，在预先编写好的元延二年历谱上记事，凡某日有需记之事，就在此日干支或所属节气下的空白处记事，无事则留空白。此册原当由六十二枚整简编联而成，编排时将大月与小月分开，包括大月三十枚、小月二十九枚、记大月月名简一枚、小月月名简一枚，另有书"元延二年"的标题简一枚。记事文字通常载某人何时从某地出发，或至何地住宿、办事，有可能是墓主本人的日记。简文中出现的诸多地名为历史地理的研究提供了线索。

《刑德行时》竹简，凡十四枚，经缀合为十一枚，墨书隶体。其中五枚用以书时段，一枚置于时段前书标题"刑德行时"，五枚用以书写占测文字。这是一种根据时段占测吉凶的占术，首先将每日分为鸡鸣至蚤食、蚤食至日中、日中至餔时、餔时至日入、日入至鸡鸣五个时段，然后据各日天干的不同，将这五个时段分别称为"端时"、"令时"、"罚时"、"刑时"、"德时"，然后据此占测各种事项的吉凶。简文所见占测事项有请谒、见人、出行、囚系、疾病、生子、亡人等。

《行道吉凶》竹简凡二十三枚，经缀合为十六枚，墨书隶体，其中首简书标题"行道吉凶"，十枚列六十干支表（每简分六栏）并在每个干支下注明几阳几阴及某门，五枚写占测吉凶的说明文字。占测方法是根据行得三阳、二阳一阴、二阴一阳、三阴与得其门、不得其门、无门相结合占测行道的吉凶。

《神乌傅》竹简凡二十枚，皆宽简，正文墨书草体，标题墨书隶体。出土时已散乱，整理者据竹简的内容排定次序。其中一枚竹简书标题"神乌傅（赋）"，另一枚上部文字漫漶，下部书双行小字，所记疑为此赋作者或传写者官职姓名。十八枚竹简书正文。此赋以拟人手法，通过雌鸟遭盗鸟伤害，临死与雄鸟诀别的故事，表现夫妻之间与母子之间的真挚感情，其风格与曹植《鹞雀赋》及敦煌本《燕子赋》如出一辙，它的发现把这种俗赋的历史提早了整整二百年，在文学史上具有重要地位（图一二）。

有关报道见连云港市博物馆：《江苏东海县尹湾汉墓群发掘简报》，刊于《文物》1996年8期。文章首次报告了尹湾汉

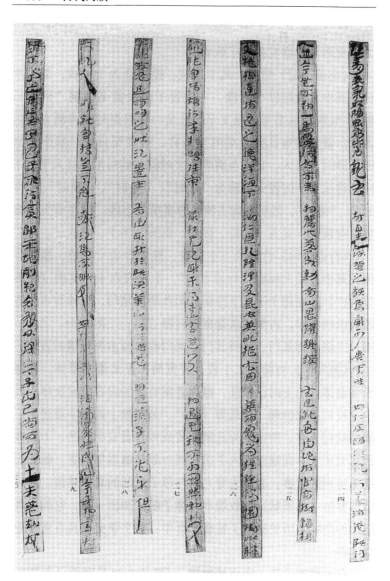

图一二　连云港尹湾汉墓木简《神乌傅》

墓的发掘及出土简牍情况。连云港市博物馆、中国社会科学院简帛研究中心等：《尹湾汉墓简牍初探》，刊于《文物》1996年10期。文章对简牍的内容进行了较全面的分析。1997年9月，中华书局出版连云港市博物馆、东海县博物馆、中国社会科学院简帛研究中心、中国文物研究所编《尹湾汉墓简牍》一书，公布了尹湾汉墓出土的所有简牍照片及释文，附录中还设《尹湾汉墓发掘报告》及《简牍尺寸索引》等。

## （二一）敦煌悬泉汉简

1990至1992年间，甘肃省文物考古研究所对敦煌甜水井附近的汉代悬泉置遗址进行了全面清理发掘。该遗址位于北纬95°20′、东经40°20′，规模较大，主体及附属建筑占地约22500平方米，使用年代从西汉延续至魏晋。悬泉置为驿传遗址，据简文设有置、传舍、厨、厩四大管理机构，设啬夫各领其职，发掘整理者认为这是建立在河西要道上的一处集传递邮件、传达命令、接待宾客为一体的综合机构，其行政建制相当于县级，受所在郡直接领导，即由郡府派吏监管，同时所在县对它亦有部分领导权。悬泉置遗址出土遗物达七万余件，但大多为小件残损者，大件完整器较少，最常见的是生活、生产用具及陶片、麻纸、皮革、丝织品等，而最重要的还是简牍。此遗址出土简牍三万五千余枚，其中有字者二万三千余枚，以木质简牍为主，竹简很少，另有帛书、纸文书及墙壁题记。按形制考察，简牍中有简、两行、牍、觚、封检、楬、削衣等。简长大多在23至23.5厘米、宽0.6至1.2厘米。两行长23至23.5厘米、宽2厘米，形制稍不同于其他地方所出，其底部为平面，正面为中间有脊的两个斜面，文字即写在两个斜面上，内容一般比较重要。木牍一般长 23.5 厘米、宽 3 至 5 厘米不等，多用于书信及账簿。觚的长短差异较大，长者达 50 厘米、短者 23 厘米左右，三棱、四棱形式居多。封检、楬及削衣长短不等。用废弃简牍制作的工具上往往也留有文字。简牍中现存册书约五十余册，皆以细麻绳编联，形式为二编或三编，有先编后书者，亦有先书后编者。编册时，有一色以简札编册者，有单纯以两行编册者，也有以简札与两行合编，或简札与木牍混编者。简牍中有明确纪年的达一万九千枚，较早者为西汉武帝时物，见"元鼎六年"（公元前 111 年）、"大始三年"（公元前 94 年）、"征和元年"（公元前 92 年）等年号。西汉昭帝以后至东汉光武帝建武初年简数量居多，年号基本可连续。建武二十六年至东汉安帝永初元年亦可连续。最晚的年号为汉安帝"永初元年"（公元 107 年）。

简牍内容非常丰富，含有大量的诏书及各级官府的通行文书、律令、司法文书、簿籍、私信及典籍等。择其要者如：简牍中有大量通行证件——传，从中可以看出其形式、用途、过往人员的身份及任务，亦可了解乘传人员按级别乘用传车的情况。凡乘传马者大多为官吏及西域诸国使者。据简文所见，从长安而来者，皆经中央朝廷审批，从敦煌出发东行者，至少经郡太守批准。驿置道里木牍凡二枚：其一记载悬泉距张掖、武威等地的距离。其二记载河西四郡部分县置及相距里程，东起武威鸾鸟，西至敦煌渊泉，与居延所出同类简可相印证，且可系连出从长安至敦煌间的驿置名称及里程，知敦煌郡东起渊泉，西至敦煌一线，沿途设有渊泉、冥安、广至、鱼离、悬泉、遮要、敦煌七个置。官府文书中不仅有以往简牍常见的郡、县、亭隧文书，还见以往未见或少见的督邮及乡、置文书。悬泉简牍所见律令大多残断，司法文书则相对完整。律令简约二十余枚，大多未见律名，据内容考察当有贼律、田律、置吏律、盗律、令乙、兵令、仓令等，多少可填补传世古籍所缺。所见品式主要有烽火品约及驿置关于住宿、用车、膳食等方面的规定。司法文书中最常见的是爰书，其中与传车、驿马相关的爰书最多。再者为逮书——为追捕和羁押罪犯专设的文书，从中亦知悬泉置住有服役犯人，故效谷县派有狱吏常驻于此参加管理。此外还有劾状等诉状。簿籍是常用的会计、统计账簿及名册，悬泉置常见簿之名目有《田簿》、《入租簿》、《平籴租税簿》、《入钱簿》、《出钱簿》、《钱出入簿》、《入谷簿》、《出谷簿》、《谷出入簿》、《入米簿》、《出粟簿》、《出菱簿》、《兵簿》、《守御器簿》、《器物簿》、《传车簿》、《出传车簿》、《传车被具簿》、《传马出入簿》、《官牛车簿》、《日作簿》、《伐菱簿》、《任作簿》、《食鸡簿》、《长罗侯过置费用簿》等。籍之名目有《吏名籍》、《戍卒名籍》、《骑士名籍》、《驿卒名籍》、《户籍》、《罢卒复作名籍》、《官奴婢出入名籍》、《归义羌名籍》、《刑徒名籍》、《传马名籍》、《驿马名籍》、《官牛名籍》、《当食者廪名籍》、《戍卒廪名籍》等。档案之类名目有《功劳案》、《计簿录》、《当食者案》等。典籍之类大多残损，内容有《苍颉篇》、《急就章》、《论语》、《日书》、《相马经》、《医药方技》、《葬书》及各式历谱等。除《葬书》外，其他均为敦煌、居延简中常见者。悬泉汉简中有许多关于出入敦煌的过往人员的资料，包括人员数量、身份、任务、去向等，是研究古代西域的珍贵资料。简文所反映与汉廷关系密切的西域诸国有婼羌、楼兰、且末、小宛、精绝、扜弥、渠勒、于阗、莎车、疏勒、尉头、温宿、姑墨、龟兹、乌垒、渠犁、尉犁、焉耆、危须、狐胡、车师、卑陆、乌孙、皮山、蒲犁、大宛、大月氏、罽宾、康居等。关于过往与常驻人口的构成情况，整理者归纳之为六种人：一是西域诸国使者和宾客，主要往来于本国与长安之间，交往频繁，队伍庞大，费用开支甚巨。二是中央朝廷和各地政府官员、公务人员因公赴敦煌或西域。三是归义羌人，这些人入汉以后，成为"编户齐民"，常住敦煌。四是官奴婢，悬泉简中见正规名籍，建立专门户口档案，有单身者，也有举家迁入者，是朝廷统一调配到敦煌后成为常住人口的。五是内地流民，这些人未见完整的户籍，但从有关文书中看，他们并不能私自进入敦煌，而是由朝廷统一收集、统一安置，从事劳动。六是刑徒，系各地的罪犯由狱吏送至敦煌服劳役，刑满后留驻敦煌或返回原籍，其中妇女占有相当数量。上述几种人群从一个侧面反映中原内地及西域的社会政治经济发展状况。从《田簿》及《租税簿》考察，敦煌的耕地有公田和私田之分。公田的分配以人口多少而定，租税以实有亩数计，按年度交纳。私田可交易，亦须照章纳税。简文反映，由于干旱少雨，敦煌地区的农业离不开水利灌溉，官方设有专门的都水管水利，亦有民间自发进行水利建设者。悬泉简中屡见之县名"沙头"，当即《汉书·地理志》酒泉郡下辖之"池头"县，当以简文为是，《地理志》误。简文中屡见优良马种"天马"的记载，证实西汉昭帝时还经常从敦煌驱"天马"赴长安。悬泉汉简为研究汉代的简牍制度，诸如材质选配、简牍尺寸、编册形式，尤其刻齿意义等提供了许多新的线索。

有关报道见甘肃省文物考古研究所：《甘肃敦煌汉代悬泉置遗址发掘简报》、《敦煌汉简内容概述》、《敦煌悬泉汉简释文选》，均刊于《文物》2000 年 5 期。文章公布了敦煌汉代悬泉遗址的发掘及部分简牍的情况。

## （二二）香港中文大学文物馆藏简牍

香港中文大学文物馆历年入藏简牍凡二百五十九枚，其中空白简十一枚。按时代划分，绝大部分为汉简，只有十枚战国楚简及一枚东晋木牍，于此一并叙述。

战国楚简所见当为古书，今已确知者有《缁衣》、《周易》等，当为迄今所见最早写本。

汉简包括《日书》简一百零九枚，含归行、陷日、盗者、取妻出女、禹须臾、嫁子刑、艮山、诘咎、稷辰、玄戈、行、四徼、帝、五行、有疾、良日、八魁、血忌、虚日、报日、日夜表、生子、吏篇及干支表等二十四篇章，简文见"孝惠三年"（公元前 192 年）纪年，是为西汉惠帝时物。遣册简凡十一枚，载炊饮酒器名称、数量。奴婢廪食出入簿简凡六十九枚，详载"寿"、"根"、"贝"等人给家奴廪食的情况，简文见"元凤二年"（公元前 79 年）纪年，容量单位有大、小石之别，使用特殊量词"参"，从中可知其间之换算关系。"序宁"简牍凡十四枚，有明确纪年，成文于东汉章帝建初四年（公元 79年），存两种字体：一种用较小的木方抄写，字体小而拘谨，另一种则用较长的木简抄写，字体大而奔放，内容为祷祀先祖神灵，以安慰死者，保佑活着的人，所祷神灵有炊、造（灶）、外家、社、田社、官社、东北官保社、郭贵人、殇君、水上、大父母丈人田社、男殇女殇司命、命君等。"河隄"简二十六枚，记诸乡河堤长、宽，有许多专门术语如"积"、"率"、

"畸"、"实"，与运算相关，皆可与《九章算术》相印证，此外尚有载瓦、运薪及杂物的记载。

晋"建兴廿八年"（公元340年）"松人"解除木牍一枚，牍之上半部先凸刻后画一松人，下半部为解除文，这是迄今所见惟一一枚既有图像，又有文字的解除文，对认识流行于东汉以后的镇墓文、解适文提供了新的资料。

2001年间，香港中文大学文物馆出版陈松长编著的《香港中文大学文物馆藏简牍》一书，公布了这批简牍资料的全部图版、释文及考证。

# （二三）其他汉简

## 1. 武威"王杖诏书令"册

1981年9月，甘肃省武威县文物管理委员会从该县新华乡农民手中收得一份简册，出土情况不明。经反复调查，考古工作者认为它当与1959年出土的"王杖十简"出自同一墓区。今见该册木简凡二十六枚，墨书隶体，字迹清晰，每简背面署编码"第一"至"第廿七"，但缺其中"第十五"，可见原册实有二十七枚。简长23.2至23.7厘米、宽0.9至1.1厘米，据绳痕，原册当设三道编绳，编绳通过处设有契口。简文记载有关尊敬高年老人，抚恤鳏寡孤独、残疾者，给高龄者赐王杖，惩处殴辱王杖主等内容的五份诏书，末简署"右王杖诏书令"句。关于这份简册的情况，首见于武威县博物馆：《武威新出土王杖诏令册》，刊于甘肃省文物工作队、甘肃省博物馆合编的《汉简研究文集》（甘肃人民出版社1984年版）。

## 2. 甘谷刘家坪东汉简

1971 年 12 月，甘肃省文化局、甘肃省博物馆、天水地区和甘谷县的文教部门共同协作，在天水市甘谷县渭阳人民公社十字道生产大队刘家屲清理一座东汉墓，获松木简二十三枚（经缀合），完整者仅八枚。简长 23 厘米、宽 2.6 厘米，设三道编绳，两面书字，墨书隶体，正面书正文，背面上端署编码"第一"至"第廿三"，但缺"第四"、"第八"、"第十三"、"第十九"序码。每简正面平均书六十字左右，最多者达七十四字，全册现存九百六十四字。简册内容为东汉桓帝延熹元年（公元 159 年）、二年（公元 160 年）宗正府卿刘柜关于宗室受侵辱而给皇帝写的反映情况的奏书、皇帝的批示及下发诏书的行下文。简文揭示东汉中后期顺帝和桓帝之世刘姓宗室与州、郡、县地方豪绅之间争权夺利的激烈斗争，反映了刘姓皇族的衰落及地方豪强的兴起。关于这批简的情况，见张学正：《甘谷汉简考释》，刊于甘肃省文物工作队、甘肃省博物馆合编《汉简研究文集》。

## 3. 武威旱滩坡医药简

1972 年 11 月，甘肃省武威市柏松公社农民在旱滩坡兴修农田水利时发现一座东汉墓，随即由甘肃省博物馆等考古工作者进行清理，获简牍九十二枚，其中木简七十八枚、木牍十四枚。木简原置于棺内墓主头部，出土时已散落，长 23 至 23.4 厘米、宽 0.5 至 1 厘米不等，分宽窄两种，设三道编绳，先编后书，墨书隶体。宽简中有两支素简，当做为"扉页"用的赘简。窄简中有一枚书"右治百病方"当为标题简。木牍长 22.7 至 23.9 厘米、宽 1.1 至 4 厘米，两面书字，墨书隶体。这批简牍所载皆为医书之类，多为一病一药方，现存医方三十余，包括今日意义之内科、外科、妇科、五官科、针灸科，涉及今之临床医学、药物学、针灸学等。简文所见药物达一百余种，其中六十九种见于《神农本草经》、十一种见于《名医别录》，还有二十余种未见于上述二书。这些药物大多为复方，有的方剂用药多达十五味。这批简牍为研究我国古代医学，特别是汉代医药学提供了珍贵的第一手资料。

关于这批医书的报告，见甘肃省博物馆、武威县文化馆《武威旱滩坡汉墓发掘简报——出土大批医药简牍》，刊于《文物》1973 年 12 期。1975 年 10 月，文物出版社出版甘肃省博物馆、武威县文化馆合编《武威汉代医简》一书，发表了全部简牍的图版、释文、摹本、注释，并附有中医研究院医史文献研究室撰《武威汉代医药简牍在医学史上的重要意义》一文（图一三）。

### 4.贵县罗泊湾汉墓木牍

1976 年，广西壮族自治区文物工作队于贵县化肥厂发掘罗泊湾 1 号汉墓。墓葬规模巨大，出土大量文物，计有铜器二百多件、铁器二十多件、陶器五十多件，此外还出土木牍五枚、木简十余枚、封检二枚。木牍中有二枚完整、三枚残破。其中一枚木牍自名《从器志》，牍长 38 厘米、宽 5.7 厘米、厚 0.2 至 0.7 厘米，两面书字，墨书隶体，正面五栏、背面三栏文字，凡三百七十二字，是一份完整的随葬物清单，所记器物种类繁多，除常见器物外，还包括兵器、文具、乐器等。另一枚自称《东阳田器志》，牍残长 9 厘米、宽 4.9 厘米，两面书字，墨书隶体，所载为农具桶、钼之类。还有一枚未见题名，牍长 25.2 厘米、宽 4.8 厘米，两面书字，墨书隶体，所载亦为农具之类。再有二枚残牍字迹已无法辨认。关于这批简牍的

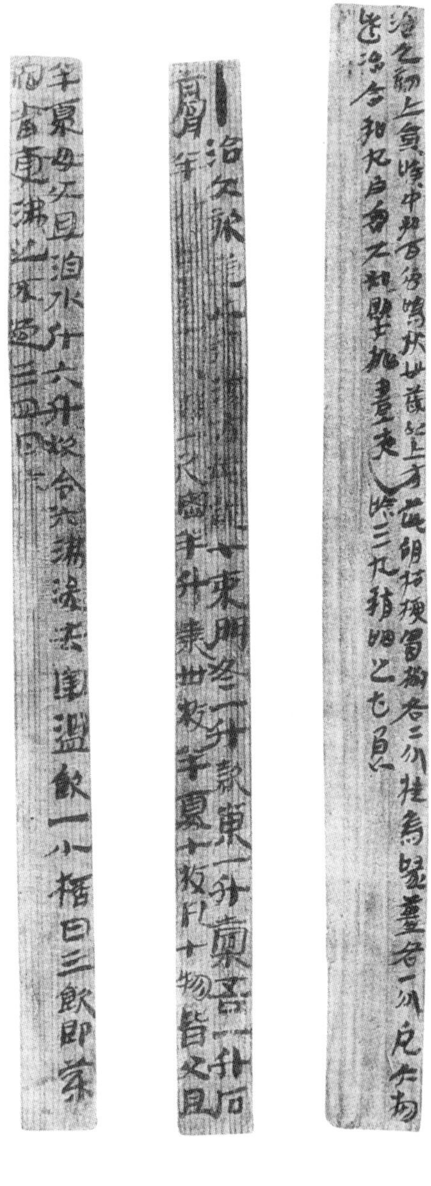

图一三 武威旱滩坡汉墓
出土汉代医药简

情况，见广西壮族自治区文物工作队《广西贵县罗泊湾 1 号墓发掘简报》，刊于《文物》1978 年 9 期。

### 5. 连云港花果山云台汉墓简牍

1978 年，江苏省连云港市花果山云台砖厂在爆破取土时发现一座汉墓，墓中出土竹木简牍凡十三枚，实物未能保存，亦未见简牍照片。据报告，其尺寸分别为：1 号（原出土编号，下同）牍长 13 厘米、宽 5.8 厘米。2 号牍长 4.2 厘米、宽 5 厘米。3 号牍长 6.2 厘米、宽 4.5 厘米。4 号牍长 4.5 厘米、宽 8 厘米。5 号牍长 4 厘米、宽 7.5 厘米。6 号牍长 2.6 厘米、宽 5.5 厘米。7 号牍长 20 厘米、宽 4 厘米。8 号牍长 3.2 厘米、宽 6.4 厘米。9 号牍长 6.2 厘米、宽 5.7 厘米。10 号牍长 12.5 厘米、宽 5 厘米。11 号牍长 9.5 厘米、宽 4.4 厘米。12 号牍长 8.25 厘米、宽 4.2 厘米。13 号竹简长 15 厘米、宽 3 厘米。简牍内容涉及有关伤害罪的一系列刑事案件，当事人见荣成里徐谭、梁里徐竖、永昌里朱毋害等。另有数枚历日干支。李洪甫：《江苏连云港市花果山出土的汉代简牍》（刊于《考古》1982 年 5 期），介绍了这批简牍的情况。

### 6. 邗江胡场汉墓木牍

1980 年，江苏省扬州市博物馆、邗江县图书馆发掘邗江县胡场 5 号汉墓，出土木牍十三枚。牍长 23 厘米、宽 3.5 至 7 厘米不等。其中六枚字迹尚存，七枚字迹未存。一枚记神灵名，见"江君"、"仓天"、"天公"、"淮河"、"吴王"、"荆主"等近四十个自然神与先祖神。另一枚记行道日记，所涉地名有堂邑、高密等。有二枚为广陵宫司空及丞之告土主文书，示广陵石里男子王奉因狱事去世归故里安葬事。尚有二枚虽有字迹，但不易辨认，内容未详。木牍之外，还出土六枚木楬，上端圆头涂黑，下段署食品及金钱名称，末字皆为"笥"字，知木楬原系于盛装相应物品的竹笥上。封检七枚，上端尚存封泥槽，有的出土时还见封泥，而且封泥上印有"王"字阳文，下段署"五种"、"粱米"等粮食及布帛名称，末字皆为"橐"字，知其为封缄相应的口袋而设。扬州市博物馆、邗江县图书馆：《江苏邗江胡场 5 号汉墓》（刊于《文物》1981 年 11 期），介绍了邗江胡场 5 号汉墓的发掘及出土简牍情况。

### 7. 西安汉未央宫遗址木简

1980 年 4 至 6 月间，中国社会科学院考古研究所在西安发掘汉未央宫前殿 A 区遗址时出土木简一百一十五枚。木简因被火烧过，所以大多残损，残长 13 至 15.6 厘米、宽 1 至 1.3 厘米，墨书隶体。简文内容涉及田地禾稿、柏杏李榆、疾病梦状、鸣击钟磬、祭祀鬼神等，其主题尚待进一步研究。中国社会科学院考古研究所：《汉长安城未央宫——1980～1989 年考古发掘报告》（中国大百科出版社 1996 年版），按出土顺序公布了这批木简的释文、摹本和图版。

### 8. 扬州仪征胥浦汉墓简牍

1984 年，江苏省扬州市仪征县胥浦 101 号汉墓出土竹简十七枚、木牍二枚、封检一枚。竹简中有十六枚长 22.3 厘米、宽 1.2 至 1.9 厘米，系一编墓主临终遗嘱的简册（由两份文件合成），自名为"先令券书"，述立券书过程及当事人：立遗嘱人为墓主朱凌，公证人为县、乡三老及都乡有秩、佐、里师，见证人为墓主亲属若干人。遗嘱交代如何将田产分配给墓主子女。另一枚竹简长 36.1 厘米、宽 0.9 厘米，两面书字，记赐钱事。木牍一长 23.3 厘米、宽 7.5 厘米，两面书字，记取钱物账；另一枚长 23.6 厘米，记衣物账。封检长 17.3 厘米、宽

3.5厘米，上端有封泥槽，下段署赐钱数，或用以封缄钱橐。扬州市博物馆：《江苏仪征胥浦101号西汉墓》（刊于《文物》1987年1期），介绍了这批简牍的情况。有关《先令券书》的研究，又见陈平、王勤金：《仪征胥浦101号西汉墓〈先令券书〉初考》，刊于《文物》1987年1期；陈雍：《仪征胥浦101号西汉墓〈先令券书〉补释》，刊于《文物》1988年10期。

### 9. 武威旱滩坡东汉律令简

1989年8月，甘肃省武威地区文物普查队在武威柏树乡下五畦大队发掘旱滩坡东汉墓，获残简十七枚。简文见"建武十九年"年号，知这批简为东汉初物。简文所载为诏书令的若干条款，所见令名有《令乙》、《公令》、《御史挈令》、《兰台挈令》、《卫尉挈令》、《尉令》、《田令》等。诏书残文与武威磨嘴子汉墓出土《王杖十简》及《王杖诏书令》大致相类，是关于优抚高年与残疾人的诏令。上述令文的内容涉及度田、户口管理、保护农耕等，可补史载所缺。有关报道见武威地区博物馆：《甘肃武威旱滩坡东汉墓发掘简报》，刊于《文物》1993年10期。内容考述见李均明、刘军：《武威旱滩坡出土汉简考述——兼论"挈令"》，亦刊于《文物》1993年10期。

### 10. 江陵高台18号汉墓木牍

1990年，湖北省荆州地区博物馆在宜黄公路江陵段高台取土场先后清理三十余座秦汉墓葬，其中4、5、18号墓出土竹简和木牍。18号墓出土木牍四枚，编号为35甲、乙、丙、丁。出土时四枚木牍叠置，略有错位，尚见用丝绸捆缚的痕迹。甲牍长14.8厘米、宽3.15厘米、厚0.4厘米，单面书字，上署"安都"，下段书"江陵丞印"，形式类似西北简之封函。乙牍长23厘米、宽3.7厘米、厚0.4厘米，背面见两道宽 0.5 至 0.7 厘米的丝绸捆缚痕迹，单面书字，上署"新安户人大女燕关内侯寡"等，知墓主为新安里人，名燕。丙牍长 23.2 厘米、宽 4.5 厘米、厚 0.4 厘米，两面书字，所载为江陵龙氏丞移安都丞文书，见"七年十月丙子朔"，当指西汉文帝前元七年，即公元前 173 年。丁牍长 23.1 厘米、宽 5.5 至 5.7 厘米、厚 0.4 厘米，单面书字，凡十二行，内容为随葬器物清单。荆州地区博物馆：《江陵高台 18 号墓发掘简报》（刊于《文物》1997 年 8 期），介绍了高台 18 号墓的发掘情况。

**11. 散见汉简**

全国各地出土的汉简，除上述所见，尚有一些仅见简短的消息，未见详细介绍，归纳于下，供读者参考。

1951 至 1952 年间，湖南省考古工作者在长沙市 203 号西汉墓发现木牍九枚。又于长沙市杨家大山 401 号汉墓获木牍一枚。详细情况见林剑鸣：《简牍概述》，陕西人民出版社 1984 年版。

1951 至 1952 年间，湖南省考古工作者在长沙市北郊五家岭 201 号西汉墓获封检九枚，每枚长 5.8 厘米、宽 2.05 厘米、厚 1.35 厘米，仅一枚字迹可辨识，其他八枚字迹磨灭。又于湖南长沙东郊徐家湾 401 号西汉墓出土木楬一枚，长 11.8 厘米、宽 3.1 厘米、厚 0.3 至 0.5 厘米，上端两侧有缺口用于系绳，正面书"被绛函"三字。详见李均明、何双全《散见简牍合辑·附录》，文物出版社 1990 年版。

1956 年 4 月，黄河水库考古工作队在河南陕县刘家湾 23 号汉墓获木简二枚，仅一枚存字迹。详见黄河水库考古工作队《一九五六年河南陕县刘家湾汉唐墓葬发掘简报》，刊于《考古通讯》1957 年 4 期。

1962 年，南京博物院在江苏连云港市海州纲疃庄焦山东汉初期墓获木牍一枚。牍长 23 厘米、宽 6.7 厘米，内容为随葬物清单。详见南京博物馆《江苏连云港市海州纲疃庄汉木椟墓》，刊于《考古》1963 年 6 期。

1963 年，江苏省文物管理委员会在江苏盐城三羊墩汉墓获木牍一枚。牍长 22.8 厘米、宽 3.5 厘米、厚 0.5 厘米，内容为随葬物清单。见江苏省文物管理委员会《江苏盐城三羊墩汉墓清理报告》，刊于《考古》1964 年 8 期。

1972 年底，湖北省博物馆、孝感地区文化局、云梦县文教局、云梦县文化馆联合发掘云梦大坟头 1 号汉墓，出土木牍一枚。木牍长 24.6 厘米、宽 6.1 厘米、厚 0.3 厘米，两面书字，正面三栏凡一百一十六字，背面四栏凡一百零五字，内容为随葬物清单，记器物名称、数量、规格、质料等。详见湖北省博物馆、孝感地区文化局、云梦县文化馆《湖北云梦西汉墓发掘简报》，刊于《文物》1973 年 9 期。

1973 年，湖北省博物馆在光化县五座坟发掘一座西汉墓，出土竹简三十余枚，其中仅五枚存字迹，内容为随葬物清单。见湖北省博物馆《光化五座坟西汉墓》，刊于《考古学报》1976 年 2 期。

1973 年，南京市博物馆、连云港市博物馆联合清理连云港市海州西汉霍贺墓，出土木牍七枚，仅一枚见文字。牍长 22 厘米、宽 6.5 厘米。见南京市博物馆、连云港市博物馆《海州西汉霍贺墓清理简报》，刊于《考古》1974 年 3 期。

1973 年底，南京市博物馆发掘连云港市海州区南门大队纲疃庄西汉侍其䋣夫妻双棺合葬墓，于每棺中皆出土木牍一枚，凡二枚，但仅一枚尚存字迹。每枚长 23 厘米、宽 7.5 厘米、厚 0.5 厘米，两面书字，分栏书写，内容为随葬物清单。见南波《江苏连云港市海州侍其繇墓》，刊于《考古》1975 年 5 期。

1974 年，北京市考古工作者在北京丰台区发掘大葆台 1 号和 2 号汉墓。其中 1 号墓出土竹简一枚。竹简长 20.5 厘米、宽 0.7 厘米，墨书"樵中格吴子运"六字。见北京市古墓发掘办公室《大葆台西汉木椁墓发掘简报》，刊于《文物》1977 年 6 期。

1975 年，陕西省咸阳市博物馆在灵台县发掘马泉西汉墓，获竹简残片三枚，每枚长约 6 厘米、宽 0.7 厘米、厚约 0.3 厘米，上有字迹，但模糊无法辨识。见咸阳市博物馆《陕西省马泉西汉墓发掘简报》，刊于《考古》1979 年 2 期。

1978 年，山东省临沂市博物馆在临沂金雀山发掘 11 号、13 号两座汉墓，出土竹牍碎片八枚，字迹已无法完全辨认，或为随葬物清单。见临沂市博物馆《山东临沂金雀山周氏墓群发掘简报》，刊于《文物》1984 年 11 期。

1979 年，南京市博物馆在清理江苏盱眙东阳 1 至 7 号汉墓时，于 7 号墓西棺墓主头部发现木牍一枚。木牍长 23.6 厘米、宽 4.2 厘米，墨书隶体，内容为人们向神灵祈福之辞。见南京市博物馆《江苏盱眙东汉墓》，刊于《考古》1975 年 5 期。

1983 年，江苏省扬州市博物馆在扬州市平山养殖场发掘 3 号汉墓，获木楬三枚，楬首圆形涂黑，上端穿有两个系绳小孔，下段有题署，书随葬食物名。见扬州市博物馆《扬州平山养殖场汉墓清理简报》，刊于《文物》1987 年 1 期。

1983 年底，山东省临沂市博物馆在临沂金雀山 28 号汉墓发掘中，获木牍一枚。木牍长 23 厘米、宽 6.8 厘米、厚 0.2

厘米，字迹漫漶未能辨识。见临沂市博物馆《山东临沂金雀山九座汉代墓葬》，刊于《文物》1989 年 1 期。

1984 年，甘肃省文物考古研究所在武威市韩佐乡五塘山发掘 3 号汉墓，出土木牍一枚。木牍长 25 厘米、宽 7 厘米，两面书字，所载内容为墓主死事文告。见李均明、何双全《散见简牍合辑》，文物出版社 1990 年版。

1992 年底，湖北省沙市博物馆配合宜黄公路工程，于萧家草场发掘 26 号汉墓，出土竹简三十五枚，据说内容为随葬物清单，正在整理中。

2000 年 7 月 13 日《每日新报》载：天津市考古队在蓟县挖掘十八口战国及两汉时期的古井，出土大量文物，其中有汉代木简。

## （二四）长沙走马楼三国吴简

1996 年 7 至 12 月，湖南省长沙市文物工作队（长沙市文物考古研究所）对长沙市五一广场走马楼街西南侧的平和堂商贸大厦建设工地的古井窖群进行发掘清理，共发掘古井 50 余口，在其中编号为 J22 的古井中发现大批三国时期的简牍。J22 为不规则的圆形竖井，上口略小，中部宽大，底部收缩，井底平缓。清理前，自当时尚存的井口以上约 2.23 至 2.7 米处已被掘土机铲掉，尚存井口距原地表约 7.9 米。井内堆积共四层：最上层为黄褐色覆盖土；第二层为简牍堆积；第三层为灰褐色土；第四层见方形木壁竖井，其四周填以黄褐色土。

简牍层呈坡状堆积，顶端距现存井口 1.3 米，底部距现存井口 2.24 米。简牍堆积厚薄不匀，最厚处达 0.56 米，而薄处仅 0.1 米，呈中间厚而四周逐渐趋薄的状态，其中许多简牍是从上层散落下来的。就平面位置而言，现场所见形制较长的大木简位于井的东部和南部，有一小部分叠压在竹简上，北部放置木简的情况因已遭施工破坏而未可知，但从四周扰土及运出的土中追回的大木简达一千余枚的情形看，当初大木简亦可能主要放置在北部。竹简被放置在井窖中部偏南的位置，其中夹杂一些木牍、木楬、封检之类，按一定的顺序码放，层层叠压，似有意为之。第三层堆积中也夹杂着零星简牍。简牍保存情况欠佳，除大木简尚可外，大部分竹简经历年挤压及井底堆积的污染，已粘连成块，积满污垢，呈灰褐色或黄褐色，清理任务极为繁重。据现存规模直观估计，这批简牍总量约有十四万（包括无字简），今已剥离清洗完毕，正在进行深入保护，经整理释文者不足两万枚。已整理部分所见最早年号为东汉献帝建安二十五年（公元 220 年），最晚年号为吴孙权嘉禾六年（公元 237 年），其中建安年号顺延至二十七年，亦见孙权黄武年号。形制有简、牍、木楬、封检等。竹木简牍多残留编痕，原当编联成册，一般设二道编绳。竹木简牍长宽不一，主要有以下几类：大木简形制特别，长 49.8 至 56 厘米、宽 2.6 至 5.5 厘米；小木简长 24.2 厘米左右、宽 1.5 至 1.9 厘米、厚 0.4 至 0.5 厘米。竹简有多种尺寸，已见记载赋税的竹简中，一种长 25 至 29 厘米、宽 1.2 至 1.5 厘米、厚 0.15 至 0.18 厘米，另一种长 22.2 至 23.5 厘米、厚 0.05 至 0.1 厘米。已见木牍长 23.4 至 24.5 厘米、宽 6 至 9.6 厘米、厚 0.4 至 0.9 厘米。已见木楬长 7.5 至 11.2 厘米、宽约 3.3 厘米、厚 0.3 至 0.4 厘米。已见封检长 12 至 17.5 厘米、宽 5 至 6 厘米、厚 2 至 2.6 厘米。以上仅为已清理者所见，全面的情况尚待清理完毕才可知。

今已整理公布者为《嘉禾吏民田家莂》，凡二千一百四十一枚大木简。莂是可剖分的契约文书，一式两份或多份，今见田家莂皆于上端大书"同"字（或其变形形态），一侧或两侧有被剖分的痕迹，与《释名·释书契》所云"莂，别也，大书中央破莂之也"，义同。《嘉禾吏民田家莂》所记为嘉禾四年和五年收取租税事，文书写成于次年年初，一般为单面书写，仅见个别背面亦书字者，字迹较清晰，字体大多为隶中带楷，亦有较草率的草书。文字自上而下分多栏：首栏为主项，记佃家情况，包括行政区划"丘"的名称（如"南疆丘"、"里中丘"之类）、佃家身份（如"男子"、"大女"、"州吏"、"郡吏"、"县吏"之类）、姓名、佃田地块数（多称"町"）、佃田面积（包括"常限田"、"余力田"）。其下二栏或三栏为中项，记佃家收成、未收成的田亩数（分别"常限田"与"余力田"，又分别其中有收成的"熟田"及未有收成的"旱田"）、交付米、布、钱的数额（其中布、钱可折成米交纳）、经手的仓吏与库吏（通常为米入仓、钱布入库）。最后一项是田户曹史的审核签署（含日期及田户曹史姓名，名多为最后签上，字体多草率，末字署"校"，亦最后书就），多书于末栏左部。莂文显示，吴国之租税非常沉重，今见嘉禾四年与五年之租税率也不尽相同：四年、五年常限熟田亩收米一斛二斗、旱田不收米，余力熟田亩收米四斗、旱田亦不收米。四年、五年常限熟田及余力熟田皆亩收布二尺。四年旱田亩收布六寸六分，五年旱田不收布。四年熟田亩收钱七十，五年熟田亩收钱八十。四年旱田亩收钱三十七，五年旱田不收钱。对州吏等特殊人群还减免租税。租税通常在当年秋收后交付，而田户曹对文书的审核在次年的二三月间进行。归档时这些田家莂被编联成册,故今见每莂之一侧或两侧多有两个用以系绳的契口,正背面亦见编痕。

已清理的竹简中有许多是关于征税、收藏、转调租税实物的内容,中段亦书一"同"字,亦当为可分券相合的莂一类,只是比大木莂所见形制小一些。其上所载赋税内容十分繁杂,征收的实物有米、布、麻、钱、皮、豆等。其中钱项即含户税钱、口算钱、地儌钱、寿钱、行钱、枪钱、米租钱、酒租钱、市租钱、杂米钱、皮贾钱、财用钱等。米则有租米、税米、限米、粢租米、旧米、孰米、酱贾米、折咸米、陈张米等。皮有鹿皮、麂皮、羊皮、水牛皮等。有些租税统计书于木牍上,通常为某仓吏或库吏所为,统计事项与总量较多。竹莂亦用于登载各式名籍,分吏名籍、民籍及家属名籍。吏名籍见尚书吏、郡吏、县吏、军故吏等。较特殊者有师佐籍,含军师、锦师、乾锻佐、贯田师、镰佐、伎佐、枪佐、瓵慰佐等。民籍所载人名,常冠以户人、大男、大女、老男、老女、子男、子女,还有户下奴、户下婢等,其中不少还注明身体特征与状况如长五尺、长六尺、聋两耳、盲左目、刑右手、腹心病、刑两足。有一些户籍统计字数较多,所以写在较宽的木牍上,大多为某乡劝农掾据上司要求而为之,文末书日期并有"破莂保据"字样,上端亦有"同"字符,属较大型的"莂"一类。少量的简牍用于书写通行文书(包括下行、平行、上行文书)及信札,主要是州、郡、县、侯国官府间及各部门间的往来文书,事项含司法调查、军粮督运、借贷还债等,还有征伐平息武陵蛮叛乱的记载。简牍涉及的重要人物有步骘、吕岱、顾雍、潘濬,有些亦可能涉及诸葛瑾、陆瑁、吕壹等人。已清理的简牍中有几份司法文书,是对一些案件的调查。信札是私人信件,格式用辞及字体皆较随意自由。已清理的数片名刺书于木札上，保存较好，书事主姓名字，用于问安、请谒、荐举等。简牍中夹杂许多用作标签的木楬，原先当与所标文档系联在一起，对确定相应文档的称谓及性质很有帮助。还有少量封检用以封缄文书或实物，字迹多模糊。

长沙走马楼简牍所见，大部分无疑是属于长沙郡治临湘县或侯国的文书，故屡见临湘县、临湘丞、临湘侯、临湘侯丞、临湘侯相，亦有少量属于州郡及吴朝廷的文书。据不完全统计，简牍已见荆州属郡有长沙、武陵、零陵郡，已见长沙郡属县有临湘、攸、下隽、醴陵、刘阳、吴昌、罗、建宁、连道、益阳、安成、新阳县，已见乡有东乡、西乡、南乡、北乡、中乡、都乡、上乡、下乡、平乡、新乡、肿乡、绍乡、桑乡、尚乡、奕乡、环乡、乐乡、小乡、莨乡、曲乡、冉乡、员乡、莞乡、模乡、小模乡、韶乡、小韶乡、广成乡、富岁乡、唐下乡、唐中乡、吉阳乡、武陵乡、小武陵乡等四十余乡，已见丘名有三州丘、下伍丘、下和丘、下俗丘、大田丘、上伍丘、上利丘、上伻丘、上和丘、上俗丘、己酉丘、小赤丘、夫丘、五唐丘、公田丘、平乐丘、石下丘、伍社丘、旱丘、利丘、武龙丘、东丘、弦丘、函丘、度丘、仓丘、区丘、梨下丘等一百四十余丘。已见里名有刘里、东里、尽里、度里、富贵里、东天里、东夫里、大成里、大片里、湛龙里、万岁里、上乡里、宁海里、骠内里、梨下里、平乐里、谷阳里、祐乐里、贤聚里、平阳里、中乐里、广成里、高迈里、唐迁里、唐家里、高迁里、宁龙里、五唐里、东阳里等近五十个里名。丘名与里名多有相同者，二者之关系尚待深入探讨。已见仓名有郡仓、烝口仓、重安仓、吴昌仓、负口仓、中仓、三州仓。仓之外尚见

"邸阁"，亦为藏粮之仓，又管转输事。库未见专名。按行政编制规模考察，上述乡、丘、里当远远超出临湘县（侯国）的范围，当幅及长沙郡或更大范围。由于传世的三国史料为数不多，其中吴国的记载更少，所以长沙走马楼出土的三国吴简对研究吴国社会政治、经济、文化、法律等各个方面都具有重大的学术价值。

有关报道见长沙市文物工作队、长沙市文物考古研究所《长沙走马楼 J22 发掘简报》，刊于《文物》1999 年 5 期。文章初步介绍了古井窖清理发掘及部分简牍的情况。1999 年，文物出版社出版长沙市文物工作队、中国文物研究所、北京大学历史系编《嘉禾吏民田家莂》，公布了第一批整理出来的简牍。关于第二批简牍整理的简况，见王素、宋少华、罗新：《长沙走马楼简牍整理的新收获》，刊于《文物》1999 年 5 期（图一四）。

## （二五）其他魏晋以降简牍

### 1. 武昌任家湾六朝木刺

1955 年 4 月，武汉市文物管理委员会在武昌任家湾修建武泰闸的采土区清理一座六朝初期墓，发现木质名刺三枚，仅一枚见墨迹"道士郑丑再拜……"，长 18 至 23 厘米、宽 3 厘米。有关报道见武汉市文物管理委员会：《武昌任家湾六朝时期墓葬清理简报》，刊于《文物参考资料》1955 年 12 期。

### 2. 新疆巴楚脱库孜沙来古城木简

1959 年 4 月，新疆维吾尔自治区博物馆南疆考古发掘队在巴楚县脱库孜沙来古城一带进行发掘和征集文物时，先后获

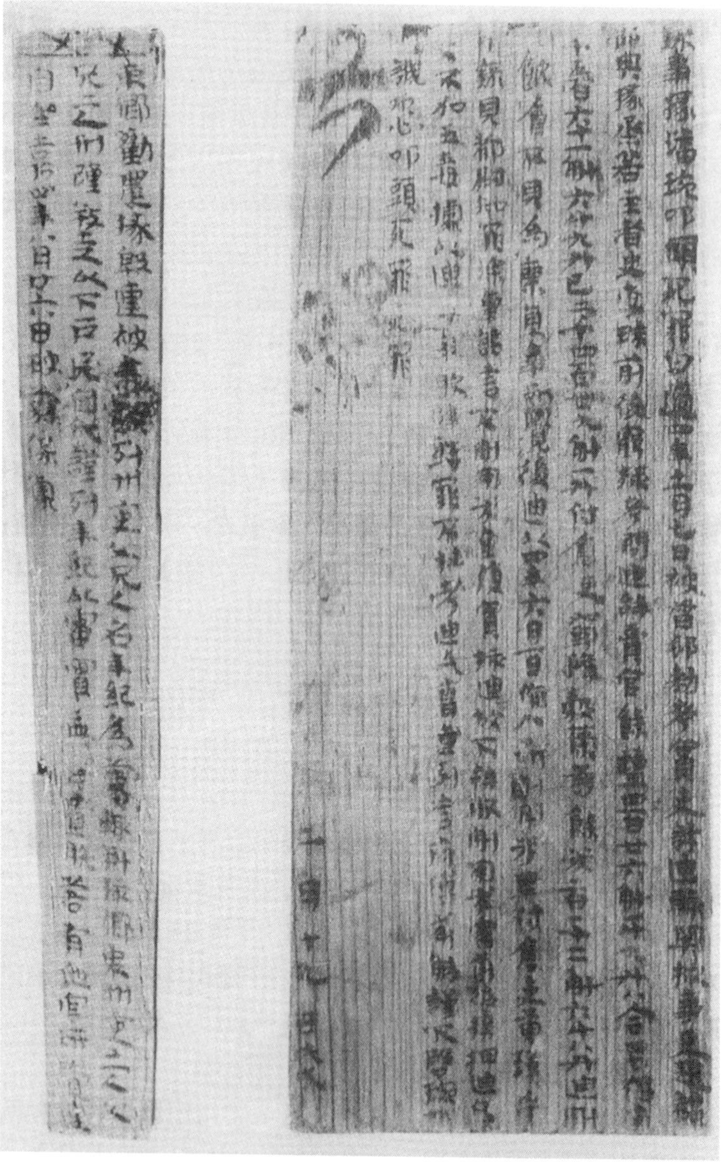

图一四　长沙走马楼三国吴简牍所见官文书及木莂

得有文字的古代木简二十枚，另外还有写着汉文或其他民族文字的大小纸片一百五十余件，皆为魏晋以后物。见新疆博物馆：《新疆巴楚县脱库孜沙来古城发现的古代木简带文字纸片等文物》，刊于《文物》1959 年 7 期。

### 3. 新疆吐鲁番阿斯塔那 53 号晋墓木简

1966 至 1969 年间，新疆维吾尔自治区博物馆在吐鲁番县阿斯塔那古墓群 53 号晋墓的发掘中获泰始九年（公元 273 年）木简一枚，两面书字，内容为买棺契约。见新疆维吾尔自治区博物馆《吐鲁番县阿斯塔那——哈拉和卓古墓群清理简报》，刊于《文物》1972 年 1 期。

### 4. 南昌东湖区 1 号晋墓简牍

1974 年 3 月，江西省博物馆考古队在南昌市东湖区永外街清理 1 号晋墓，获名刺五枚、木牍一枚。五枚木质名刺大小大致相同，长 25.3 厘米、宽 3 厘米、厚 0.6 厘米，墨书楷体，事主名"吴应"，官爵乡里称"中郎豫章南昌都乡吉阳里"。木牍长 26.2 厘米、宽 15.1 厘米、厚 1.2 厘米，其上书随葬衣物清单。有关报道见江西省博物馆《江西南昌晋墓》，刊于《考古》1974 年 6 期。

### 5. 南昌东吴高荣墓简牍

1979 年 6 月，江西省南昌市文物工作者在南昌市阳明路中段南侧清理东吴早期高荣墓，出土木质名刺二十一枚、木牍二枚。名刺长 24.5 厘米、宽 3.5 厘米、厚 1 厘米，墨书隶体。木牍长 24.5 厘米、宽 9.5 厘米、厚 1 厘米，其中一枚字迹模糊，另一枚字迹较清晰，两面书字，内容为随葬物清单。见江西省历史博物馆《江西南昌东吴高荣墓的发掘》，刊于《考古》1980 年 3 期。

### 6. 湖北鄂城 1 号东吴墓木刺

1980 年，湖北省鄂城县博物馆于鄂城水泥厂 1 号东吴早期墓获木刺六枚，长 24 至 25 厘米、宽 3.3 厘米、厚 0.4 厘米，事主为"史缈"。见鄂城县博物馆《湖北鄂城四座吴墓发掘报告》，刊于《考古》1982 年 3 期。

### 7. 安徽马鞍山东吴朱然墓木刺、谒

1984 年 6 月，安徽省文物考古研究所、马鞍山市文化局共同发掘马鞍山市沪皖纺织联合公司在雨山乡安民村林场扩建仓库时发现的土坑砖室墓，墓主为三国东吴右军师、左大司马朱然。该墓出土名刺十四枚，长约 24.8 厘米、宽 3.4 厘米、厚 0.6 厘米。出土木谒三枚，长约 24.8 厘米、宽 9.5 厘米、厚 3.4 厘米。见安徽省文物考古研究所、马鞍山市文物局《安徽马鞍山东吴朱然墓发掘简报》，刊于《文物》1986 年 3 期。

### 8. 武威旱滩坡 19 号晋墓木牍

1985 年，甘肃省文物考古研究所发掘武威市松树乡上畦大队旱滩坡 19 号晋墓，出土木牍五枚。1 号牍长 28.6 厘米、宽 10.2 厘米、厚 1 厘米。2 号牍长 27.8 厘米、宽 5.6 厘米、厚 1 厘米。3 号牍长 28 厘米、宽 5.2 厘米、厚 1 厘米。4 号牍长 27 厘米、宽 11.5 厘米。5 号牍长 27 厘米、宽 7 厘米。木牍文见"升平十三年"纪年，知其为东晋时期武威地方政权前凉王张氏时期物，内容含墓主记事文书和随葬物清单等。见李均明、何双全《散见简牍合辑》，文物出版社 1990 年版。

### 9. 张掖高台常封晋墓木牍

1986 年，甘肃省文物考古研究所于甘肃省张掖地区高台县罗城乡常封村调查时获木牍一枚。木牍已断为三截，缀合后

长 23.6 厘米、宽 4.5 厘米，据书体及同出文物考察，当为晋
时物，文字漫漶磨灭，残存文字甚少，或为书信一类。见李均
明、何双全《散见简牍合辑》，文物出版社 1990 年版。

三 简牍制度

我国古代的简牍制度是后世书籍及文书制度的滥觞。它既有与今日纸质载体一脉相承的一面，亦有许多的不同。人们对简牍制度的认识，除了得益于传世古籍所见的有限记载，更多的是源之于日益增多的出土实物。百年来出土的各式各样的简牍，给人们展示了简牍制度的各个方面，现略述如下。

## （一）素材、形制与编联

未书字之简牍，犹今白纸，有其特定的称谓。用以制作木牍的半成品称"椠"，《新简》EPT59·229："始建国天凤一年六月以来所受枲蒲及适椠诸物出入簿。"《说文》："椠，牍朴也。"段注："片部曰：'牒，札也，二字互训，长大者曰椠，薄小者曰札、曰牒。'又'椠，牍朴也'，然则，粗者为椠，精者为牍。"《释名·释书契》："椠，板之长三尺者也。"《论衡·量知篇》："断木为椠，析之为版，力加刮削，乃成奏牍。"以上诸说，当以《论衡》所说比较确切，即椠是未经片解、但已截断的半成品。

未书字之简材，称"札"、称"两行"。札是比较窄的简材，通常只容一行文字，《汉书·司马相如传》："请为天子游猎之赋，上令尚书给笔札。"师古注："札，木简之薄小者也。时未多用纸故给札以书。"古书中也常常以"札"训"牒"，如

《汉书·路温舒传》："温舒取泽中蒲，截以为牒，编用写书。"《史记·孟荀列传》索隐 曰："牒，小木札也。"《说文》亦云："牒，札也。"则牒指用于编联的札之类。"两行"是比较宽的简材，通常能容纳两行或两行以上文字，《后汉书·光武帝纪》注引《汉制度》："三公以罪免，亦赐策而以隶书，用尺一木两行。"《独断》："文多用编两行，文少以五行。"两行简屡见于居延汉简及敦煌汉简。由于札和两行是最常用的书写材料，使用量很大，所以汉简中常见陈请或输送这两种简材的记录，如《敦》1684A："凌胡隧、厌胡隧、广昌隧各请输札、两行隧五十、绳廿丈，须写下诏书。"《合校》7·8："虜喜隧：两行卌、札百、绳十丈、檄三，八月己酉输。""札"、"两行"乃细分之而言，"札"之含义可更广，如《新简》EPT52·132："书到，壹以广大札明书与烽"，则此简所云"广大札"当指较宽的简材。又《后汉书·循吏列传》：谓光武帝"其以手迹赐方国者，皆一札十行细书成文"。不管如何细书，一札而能容十行字，绝非狭义之一行札之类，其广大或如牍。

制牍材料称"方"、"板"或"版"，《仪礼·聘礼》："不及百名书于方"，贾疏云："方若今之祝板，不假连编之策，一板书画，故言方板也。"《汉旧仪》："诸吏初除谒视事，问君侯应阁奴名，白事以方尺板叩阁，大呼奴名。"《春秋序》："小事简牍而已"，孔疏："牍乃方版，版广于简，可以并容数行"。《东观汉记》："上书板曰：'生非太公，予亦非文王也。'"以上所见方、板、版互训，当属一类。但据《秦简·秦律十八种·司空》："令县及都官取柳及木柔可用书者，方之以书，无方者乃用版。"则"方"与"版"当稍有区别。

简牍大多设一个或正背两个书写面，但也有多面者称

"柧"，《说文》："柧，棱也。"《说文系传》引《字书》曰："三棱为柧木。""柧"亦写作"觚"。《急就篇》师古注："觚，其形或六面，或八面，皆可书。"《汉书·律历志》苏林注："六觚，六角也。"《一切经音义》卷七十三引《通俗文》："木四方为棱，八棱为柧也。"柧的特征为多面，简牍见三至八面之柧。

封检的形制较特殊，由于它须设凹槽用以填装封泥，通常比一般简牍厚。《新简》EPF22·456："致检材五，当檄十"，知用以制作封检的材料都比较厚大，所以"检材五"而"当檄十"，费料甚多。

简牍可重复使用，只要将旧简表层的字迹刮掉，露出空白的层面，便可书写新的内容。从旧简刮起的刨花样木片，古时称"柿"或"肺"，今出土简牍所见残片，有部分就是此类废弃物，其外观通常较薄，边缘也不规则，《史记·魏其武安侯列传》正义引师古注："一说肺，碎木札也，喻其轻薄附着大材。"

简牍的长度受材料、加工工具、书写习惯乃至使用者社会地位的制约。常规简牍的长度在 14 厘米至 88 厘米之间，其中用于书写典籍及文书的简牍以 23 厘米至 28 厘米居多，23 厘米者尤最常见。符、封检、木楬通常短于简牍。典籍记载及简牍实物所见尺寸如：

三尺。律令常书于三尺简，《汉书·朱博传》："太守汉吏，奉三尺律令以事耳。"《史记·酷吏列传》孟康注："以三尺竹简书法律也。"古书所指乃律令原件，简牍所见皆为抄录件，故其长度通常仅为 23 厘米至 28 厘米，约当汉尺一尺至一尺二寸左右，如甘肃武威磨嘴子《王杖诏书令》册长 23.2 至 23.7 厘米、湖北云梦睡虎地秦简律令部分长 27 至 27.5 厘米、云梦龙岗秦简律令部分长 28 厘米等。

二尺四寸。常用于书写重要典籍及文书，《论衡·谢短篇》："二尺四寸，圣人之语，朝夕讲习。"又《宣汉篇》："唐、虞、夏、殷，同载在二尺四寸。"《后汉书·曹褒传》："撰次天子至于庶人冠婚凶终始制度，以为百五十篇，写以二尺四寸简。"《仪礼·聘礼》贾疏引郑玄《论语序》曰："《易》、《诗》、《书》、《礼》、《乐》、《春秋》策等皆二尺四寸。"书文书者如《盐铁论·诏圣篇》："二尺四尺之律，古今一也。"甘肃武威磨嘴子 18 号汉墓出土《仪礼》简长 50.5 至 56 厘米，与史载合。长沙走马楼三国吴简《嘉禾吏民田家莂》乃都莂，为诸小莂之汇总，故形制较长，达 49 至 56 厘米之间，亦当属二尺四寸之类。

二尺。檄文常书于二尺简牍，《说文》："檄，二尺书，从木敫声。"《汉书·申屠嘉传》师古注："檄，木书也，长二尺。"朝廷以命诸侯之策书用二尺，《后汉书·光武帝纪》注引《汉制度》："策书者，编简也，其制长二尺，短者半之，篆书，起年月日，称皇帝，以命诸侯王。"史籍所指乃为朝廷或级别较高的机构用檄尺寸，西北汉简所见檄文则大多以尺简为之，惟居延破城子所出行罚檄长达 88.2 厘米（《新简》EPT57·108），形制较特殊。四川青川郝家坪战国秦墓所出秦王《命书》抄件长 46 厘米，大致合二尺。

一尺五寸。《汉书·平帝纪》："在所为驾一封轺传"，如淳注："诸当乘传及发驾置传者，皆持尺五寸木传信，封以御史大夫印章。"所言传当专供高级和执行重要使命的人士使用，汉简所见则以尺传居多。

一尺二寸。重要的典籍及文书以一尺二寸简书之，《春秋左传序》孔疏："郑玄注《论语序》，以《钩命决》云，《春秋》

二尺四寸书之，《孝经》一尺二寸书之，故知六经之策，皆称长二尺四寸。"《汉书·高帝纪》师古注："檄者，以木简为书，长尺二寸，用征召也。"《后汉书·光武帝纪》注引《说文》："檄，以木简为书，长尺二寸。谓之檄，以征召也。"简牍所见诸子杂家书多符合此尺寸，如山东临沂银雀山 1 号汉墓竹简长 28 厘米、湖南长沙马王堆 1、3 号汉墓竹简长 27.4 至 27.9 厘米。

一尺一寸。《汉书·匈奴传》："汉遗单于书以尺一牍。"《后汉书·光武帝纪》注引《汉制度》："三公以罪免，亦赐策而以隶书，用尺一木两行。"《后汉书·李云传》："尺一拜用，不经御省"，注："尺一之板，谓诏策也，见《汉官仪》。"《后汉书·陈蕃传》："尺一选举，委尚书三公。"注："尺一谓板长尺一，以写诏书也。"《后汉书·周景传》："周景以尺一诏召司隶校尉左雄诣台对诘。"青海大通上孙家寨 115 号汉墓《军法》、《军令》木简长 25 厘米，约合汉尺一尺一寸。

一尺。一尺为典籍及官私文书常见尺寸，《论衡·谢短篇》："汉事未载于经，名为尺籍短书，比于小道，其能知，非儒者之贵也。"又《书解篇》："秦虽无道，不燔诸子。诸子尺书，文书具在。"《后汉书·光武帝纪》注引《汉制度》："策书者，编简也，其制长二尺，短者半之，篆书，起年月日，称皇帝，以命诸侯王。"居延、敦煌汉简所见文书类简牍，形制完整者约有百分之八十左右长度在 22 至 23 厘米，约合汉尺一尺。墓葬出土的简牍文书如睡虎地秦简《编年记》，江陵凤凰山 8、10、167、168 号墓简牍文书，扬州胥浦 101 号汉墓《先令券书》册等皆以尺简为之。

简牍符券大多长六寸，如居延、敦煌汉简所见符券之长度多在 14 至 14.6 厘米，与史籍所载合，《史记·封禅书》："于是秦更命河曰'德水'，以冬十月为年首，色上黑，度以六为名。"张晏注："水，北方，黑。水终数六，故以方六寸为符，六尺为步。"又《秦始皇本纪》："数以六为纪，符、法冠皆六寸。"《论衡·谢短篇》："六寸为符，六尺为步。"《说文》："符，信也，汉制以竹长六寸，分而相合。"

战国时期简牍的尺寸差异较大，如长沙五里牌楚简长 13.2 厘米、长沙仰天湖楚简长 22 厘米、江陵纪南城楚简长 64 厘米、江陵包山楚简长 62 至 72.6 厘米、曾侯乙简长达 70 至 72 厘米，或不同于秦汉制度。

木楬和封检的长度无一定之规，长短大小不一。居延汉简所见，较短的木楬仅 3.1 厘米（《新简》EPT51·166）、较长者达 11.8 厘米（《新简》EPT57·3）。居延汉简所见封检，短者仅 4.3 厘米（《新简》EPT51·453），而长者达 17.5 厘米（《新简》EPT51·457）。

一般而言，简牍皆以广长为尊，史籍所载如《汉书·匈奴传》："汉遗单于书，以尺一牍，辞曰'皇帝敬问匈奴大单于无恙'，所以遗物及言语云云。中行说令单于以尺二寸牍，及印封皆令广长大，倨骜其辞曰'天地所生日月所置匈奴大单于敬问汉皇帝无恙'，所以遗物言语亦云云。"显然尺二牍尊于尺一牍，应用于典籍及官府文书亦当如此。

关于简牍长宽之比，王国维《简牍检署考》云："常牍之广，大抵三分其袤而有其一。"此说仅据《续汉书·祭祀志》"玉牒书长尺二寸，广五寸"及《通典》"晋六礼版，长尺二寸，广四寸"而立论。今以居延、敦煌等地所出简牍长宽之比计算，大多都不合王氏说，则简牍之宽狭，当因材料及书写的需要而异，非必有关于长宽比例的规定。

单支简札容字有限，为容纳更多文字并使之有序，古人常将简札编联成册或系联成束，《说文》："编，次简也。"《汉书·张良传》："出一编书。"师古注："编谓联次之也，联简牍以为书，故云一编。"《后汉书·蔡伦传》："自古书契多编以竹简。"《荀子·大略》注："策，编竹为之。"《春秋左传序》孔疏："单执一札谓之为简，连编诸简乃名为策。"编简成册，或先编联后书字，或先书字而后编联。凡先编联者，编绳处上下二字之间的距离较大，是写字时特意躲避编绳的位置而致。而后编联者，由于没有特意在编绳经过的两字之间留出空隙，所以编绳往往压盖已写的文字。今见遗留有编绳的《永元器物簿》册，其最前及最后一支简上的编绳都打结用以固定整编简册（图一五）。多数简册是直接用丝绳或麻绳将单支简逐次系联在一起，有些简册则预先在每支简上编绳将通过处的一侧或两侧刻上小契口，以使系上之编绳不易滑动。编册之绳至少设两道，简长者则三至五道不等。凡尺简、尺二简通常设二至三道编绳，《新简》EPT4·58："札长尺二寸，当三编。"尺简而设三道编绳者见武威磨嘴子汉墓出土的《王杖诏书令》册及《王杖十简》，尺二简设两道编绳者见马王堆1号汉墓出土遣册。设编绳较多者见武威磨嘴子汉墓所出《仪礼》甲本和乙本。其简长50至56厘米，设四道编绳。《仪礼》丙本长56厘米，设五道编绳。编绳以丝或麻为之，《太平御览》卷六〇六引："刘向《别传》曰：《孙子》书以杀青简，编以缥丝绳。"《文选》卷三十八《为范姑兴作求立太宰碑表》注云："刘歆《七略》云：《尚书》有青丝编目录。"今见睡虎地秦墓竹简、临沂银雀山汉墓竹简之编绳以丝纶为之，而大量的简册如马王堆1号汉墓竹

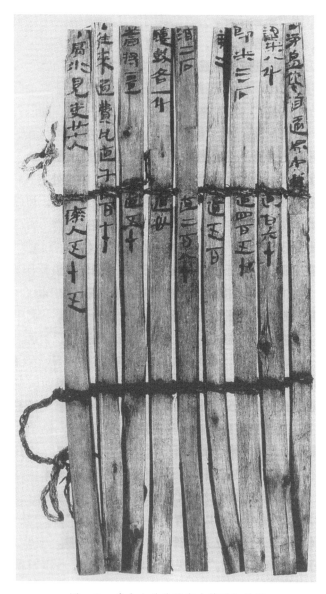

图一五  肩水金关遗址出土编联打结册

简及居延、敦煌出土木简皆以麻绳编联。除编联成册的方法外，简札亦可系联成束，例如《敦》1972 号为三面柧，第一面与第二面的上端被削成一个斜面，上书"第一"两字，在"第"和"一"字之间穿一个圆孔，显然是用来系绳的。此柧内容与传世本《急就篇》第一章合，"第一"显然指第一章，今柧之每面书二十一字，三面凡六十三字，正合一章字数。若将每柧皆从穿孔处系一绳，然后合之，即可将简本《急就篇》聚集成束。又《新简》EPT49·2、22、23、25 等"日中迹"梼，每梼顶端亦穿孔，且尚有存系绳者。日迹是一项巡逻行动，按天考勤，若将若干日迹梼逐日系联成束，便可计算出某个时期的日迹天数，这种做法比编联成册简便快捷。清代李惇《群经识小》卷四《论方策》也有束简之说，文云："简狭而长，编简者当于简头为孔，按其次第之韦贯之，夫子读《易》，韦编三绝，是也。"

　　封检和木楬一般直接系联在它们所封缄或标识的文书与物件上。系联封检的绳索通常捆在封泥槽的凹槽底部，填上封泥后即被盖住，敦煌出土之《敦》1466 封检仍见系绳捆绕于凹槽处，一端伸出的绳索不少于 30 厘米，可证此封检与被系联的物件原来是紧密相系的。又 70 年代肩水金关遗址出土的封检，有一枚其绳与封泥俱存[1]。木楬与物件的系联，常见者有三种方式：一是单孔穿绳，如《甲乙编》甲 2446 及《敦》385、1792 年所见，单孔居木楬上端，尚有较长麻绳穿过孔中。二为双孔穿绳，马王堆 1 号汉墓所见，双孔位于木楬上端，两孔间距 0.5 至 1 厘米不等，绳索从其中一孔穿过后复又插入另一孔，出土时楬仍由绳索牢牢系在竹笥上[2]。三为契口系绳，如《甲乙编》甲 1335 所见，楬之上端两侧刻有三角形契口，绳绕圈系于契口处，延伸之绳索一端达 7 厘米以上。

## （二）文字符号与版面

简牍所见文字展示了汉字形体发展的大部分过程，即由战国时期的多国异形，至秦趋于统一，同时字体由篆而隶，与之平行发展的又有草书，继而出现楷书之萌芽，这些都是研究汉字发展的绝佳资料。

战国时期政治、经济的巨大变化，推动文化的急速发展，体现在文字上则是东方六国对宗周"正体"的冲击，只有秦国沿袭其旧，故俗有"六国古文"与秦系文字的区别。其实所谓六国古文，字形也不尽相同，有时区别还比较大。有关六国古文的资料，见于简帛、器铭、玺印、货币等，简帛中惟见楚国文字。楚国文字是简牍中最难释读的，疑点较多，但随着楚简出土数量的不断增多及研究的进一步深入，人们对它的认识也在不断提高。尽管有变异，楚国文字与西周春秋金文之间的继承关系仍然有轨迹可寻。《说文》古文、曹魏正始石经中的古文及《汗简》一书都保存大量的战国文字，是释读楚简文字的重要参考之一。

篆书是简牍常见字体。篆书本为秦系文字正体，分大篆与小篆。有代表性的大篆见于石鼓文，小篆则见于秦统一后的刻石、诏版、虎符等。《说文》一书是最丰富的篆书资料集，但它成书于东汉中期，有的字形已与秦篆不尽一致。今天能见到的简牍文字，未见全篇与石鼓文、秦刻石、《说文》完全相同者，大多只是间架结构相同，而用笔已趋向平直，基本为一种篆隶过渡体。从秦简及不同年代的汉简看，篆书向隶书的过渡是一个渐进的过程，有些字变得快些，有的则慢些。西汉中晚期以后，单纯的篆书在简牍中已不多见，但在印章、旌幡上仍被普遍使用，不过这时的篆书已多少受隶书或草书结构的影响，不再是秦篆的原貌，人们更多的是把它当成艺术字体。

隶书是简牍文字的主要字体，所占比例最大。起初，隶书是由篆书的急促写法演变而来，《汉书·艺文志》："是时始造隶书矣。起于官狱多事，苟趋省易，施之徒隶也。"表明早期的隶书是篆书的辅助形式，而后才逐渐变为主流。由篆而隶的演变，俗称"隶变"。隶变是汉字演变过程中最生动、最具革命性的一幕，隶变前的汉字今人不易辨识，而隶变后的汉字人们基本能看懂。隶变主要表现在两个方面：一个方面是字体构架的变化，另一方面是笔画形态的改变。演变的方向大多是结构由繁趋简，笔画由弯变直或一曲线分为若干直线。隶变过程往往混同了篆字中不同的偏旁字形，例如"奕"、"奂"、"樊"、"奠"、"莫"五字隶书所从偏旁"大"，篆书中分别为五种不同的字形。也把某些生僻或笔画较多的偏旁，改成形态相近，笔画少又常见的偏旁。省并、省略和偏旁变形，常常是造成混同的原因，如在左的"肉"旁，一部分在下的"肉"旁，"朕"、"服"等字的"舟"旁和"青"字的"丹"旁，都跟"月"旁混同了。偏旁的混同是对汉字的一次重大改革，这种混同的轨迹在简牍文字由篆书向隶书过渡的秦及汉初显示得尤为明确。

西汉中期以后的简牍中，草书渐多。新莽至东汉初的简牍中则多见以草体写就的册书，其中在用作草稿的简牍中尤多见。草书当源于隶书的草率写法，故早期的草书可称之为隶草，赵壹《非草书》："盖秦之末，刑峻网密，官书烦冗，战攻并作，军书交驰，羽檄纷飞，故为隶草，趋急速耳。"庚吾肩

《书品》："草势起于汉代，解散隶法，用以赴急，故曰草书。建初中京兆杜操始以善草知名，今之草书是也。"从简牍中可以看出，隶草与古隶几乎同时产生，所以它的偏旁留有许多古隶的痕迹。草书的偏旁，有因长期演变而形成的不同形态，也有同时并存的草率程度不同的写法。草书从不规则而趋于规则当经历较长的约定俗成的过程，从出土简牍考察，秦简及西汉初简牍中草书尚不多见，而至西汉中后期则不然，以西北出土的居延、敦煌汉简与东方沿海连云港尹湾汉墓出土的简牍草书做一比较，便可发现两地虽隔万水千山，但其草书的间架结构基本一致，说明草书已有通行全国的规则写法，已相对独立于篆书、隶书而自成一体。

简牍中已见楷书的早期写法，它继承隶书的结构，兼采草书之长，笔画更趋平直。前人罗振玉早已注意简牍楷书的存在，他在《流沙坠简·简牍遗文考释》六十七后的按语中写道："神爵四年简（《屯戍丛残·烽隧类》第二十二）与二爨碑颇相似，为今楷之滥觞，至永和二年简（《屯戍丛残·簿书类》第二十三）则楷七而隶三矣。魏景元四年简（《屯戍丛残·杂事类》第五十六）则全为楷书。此卷魏晋以后诸书楷法亦大备。"所谓"楷七而隶三"，即隶意尚存，还不是完全的楷书，不妨称之为"隶楷"，简牍所见，大部分就是这种隶楷。近年长沙走马楼三国吴简所见楷书，亦多少还带有隶意。楷书大概就是沿着楷隶对半、楷六隶四、进而楷七隶三的途径逐渐完善的。就总体而言，简牍时代的楷书仍然存在于隶书的框架内，更多地只是笔画的改造，或称之为"隶楷"确切些。

简牍所见字体，还有一些是介于隶书与草书之间的似隶又似草、属于草化程度较浅的字体，这种字体可视之为行书的前

奏，在《新简》EPT68 及 EPF22 中尤
为多见。它虽然与今人熟悉的介于楷书
与今草之间的现代行书有较大的差别，
但从书写的快捷形式而言具备行书的特
征，只不过它是介于隶书与隶草之间的
行书，或可暂称之为隶行书。

　　简牍文字尤其是隶书与草书有大量
的简化现象，如篆书"靁"，隶书作
"雷"，省略两个"田"形。简化过程的
常见方式如：一、省笔画，如"恭"作
"恭"。二、省部件，如"簿"作"苻"。
三、以点、画代替复杂部件，如以圆点
代替原字构件的"田"旁，以斜点代替
原字构件的"口"旁等。草书的简化，
更是充分利用点、画、钩替代隶书中的
许多偏旁，如以竖钩代"言"旁、以横
钩代"门"旁、以横道代"心"旁等。
草书或行书在简化隶书的同时，为便于
笔画顺连，常常把居右的偏旁下移。
四、草书再简化。简牍所见草书，有些
字形极简单，看不出它们和同字隶、楷
之间的来龙去脉，大多由于自身历经多
次简化而致，此类字多见于常用词尤其
是公文套语中(图一六)。但简牍草书的

图一六　简牍文书常用语草书简化字例

再简化有许多过头的现象，所以后世未见普及，自生自灭。简牍文字在发生简化的同时，也有少量繁化现象，但这种繁化不是指在表意字或形声字的基础上增加表意形象的合理繁化，而是在通行正体上增加不必要的笔画，凡此类繁化都未能持久，只是给今人释读造成困惑。

简牍中有许多音义相同而外形不同的字，它们都是本自同一个母体变形。释读中更值得注意的是简牍中有许多音义不同而外形相同或相近的字，常见者如"土"、"士"、"出"，简牍中皆作"土"形；"吉"、"告"、"去"、"春"，简牍中常作"吉"形；"夫"、"矢"、"先"、"失"，简牍中常作"夫"形。简牍草书中的形近字更多，如"叩"、"乡"、"卿"、"门"、"闻"形近，"功"、"虏"、"男"、"劾"形亦近，对上述文字的释读一定要通过具体句子来判断。

战国楚简、秦简及汉初简牍中假借字较多（借用同音或音近的字），西汉中期以后虽然逐渐减少，但始终存在。不过在考察简牍假借字时要注意古今正体不尽一致的现象，例如秦汉简牍所见，凡债务之"债"字皆写作"责"，价钱的"价"字皆写作"贾"，使用时间很长，对当时而言，"责"便是"债"本字、"贾"便是"价"本字，不能视之为假借字。假借字的产生，表明汉字由象形、表意向表音的方向发展，但它同时削弱了每个汉字的个性，此后人们便以增设形旁的方式约束一字多义的发展。

简牍文字亦见合文的现象，屡见于战国楚简、秦简等，数词间用的较多，如包山楚简"小人"、"大夫"、"二十"、"三十"、"四十"、"之日"、"之月"等合文，睡虎地秦简见"之志"、"货贝"、"牵牛"、"骘马"等合文。西汉中期以后的简牍也有少量合文，如居延汉简见"十七"、"七十"、"正月"、"令史"等合文。

整理简牍时亦须注意原简中也存在错字与漏字的现象，需要认真判断，切忌将错字视为正字。

简牍文字有明显的时代特征，除字体外，亦表现在用词，如为避讳改字。秦简以"端"代"正"字（避秦始皇讳），汉初简牍改"邦"为"国"（避汉高祖刘邦讳）。又各时代典章制度不尽相同，其差异也必然反映在简牍字词上，人们便可据此判断简牍的大致或绝对年代。

简牍文句中，除文字之外还有其他符号，其作用犹今各式标点及编辑符号，对文字的表达功能起辅助和强化作用。简牍符号种类很多，同一种符号由于书写方法及书写人不同，形态也不尽相同。按大致范围划分，常见的简牍符号有句读符、重叠符、界隔符、题示符、钩校符等。

句读符的作用如今标点符号，常作"丨"、"⌐"形，史籍称为"钩识"。《说文》段玉裁注："钩识者，用钩表识其处也。褚先生补滑稽传，东方朔上书，凡用三千奏牍，人主从上方读之，止，辄乙其处，二月乃尽。此非甲乙字，乃正丨字也，今人读书有所钩勒即此。"句读符施于人名及数词之间，其作用犹今之顿号或逗号。人名间之句读，大多施于职位相同者之间，如《敦》1722："隧长常贤丨充世丨绾丨福等……。"数词间之句读，常施于一、二、三之间，由于简牍文字一般为竖写，而一、二、三皆横线，不加句读，则一与二易误读为三，故句读之。句读符施于完整句子或过渡性句子末尾，其作用犹今之句号、逗号、分号或问号。如果拿新式标点与这类句读符相比，句读符所在正是新标点所处，但许多应标点处并无句读符，可见当时句读符的使用还没有形成完整严密的体系，大多只是在当时人认为容易读错的地方才使用，又句读符有时也用竖点表示，此如《说文》所云："有所绝止，识之也。"句读符通常署于同行文字右下侧，符体通常小于字体。

重叠符表示重文及合文，作"＝"或"－"形，简牍所见以前者居多。所示重文有单字重文及多字重文。单字重文如《新简》EPT2·5："使＝再拜白"，读"使使再拜白"。前一"使"字为动词，后为名词。多字重文如《合校》10·30："车骑将＝军＝中二＝千＝石＝"。读"车骑将军、将军、中二千石、二千石"。多字重文应首先连续所有带重叠符的文字，不能单字重读。表示合文者如《秦简·日书甲种》："货＝"为"货贝"合文。

界隔符用以隔断文句，避免混淆。早期的界隔符多为一横划，见于包山楚简及江陵凤凰山汉简等。由于横划的形状与数码"一"相似，极易相混，后来便逐渐以斜线"／"来替代。界隔符的作用有如下几种：一、界隔文书责任人与起草人。简牍文书一般由秘书人员起草，各级主管官员为责任人，须对文书的内容负责，为分清二者界限，便于正文与起草人之间以"／"号隔开，如《新简》EPT50·16A："九月戊辰，居延都尉汤、丞谓甲渠，如律令。／掾弘、兼属骏、书佐晏。"二、界隔当事人与见证人。此式多用于经济类文书，如《新简》EPT52·89："入麦小石百八石三斗，五凤四年十二月丁酉朔戊申，甲渠尉史充受左农左长宗。／候汉彊临。"三、界隔事项。如《敦》2262："……晨时鼓一通／日食时表一通／日中时表一通／……。"四、界隔书信起首语与正文，如《新简》EPT65·200A："宫叩头言／仓卒为记……"。

题示符用以提示标题及主题，亦提示章节段落、条款起首及小结、合计等，形态为实心圆，也有作方块黑及黑三角形等，在文句中尤显突出，提示作用强。提示标题者如《秦简·秦律杂抄》："……典老弗告，赀各一甲，伍人户一盾，皆迁之。●傅律。"提示主题者如《新简》EPT5·149："●甲渠言毋羌人入塞买兵铁器者。"提示条款起首者如《新简》EPF16·3："●匈奴人昼入甲渠……。"提示小结者如《新简》EPT56·118："■右劾状。"提示合计者如《新简》EPT5·175："●右卒十人。"提示特殊事项者如《新简》EPT48·25："二月庚辰甲沟候长戎以私印行候文书事，敢言之。谨写移，敢言之。●候君诣府　尉史阳。"此件"●候君诣府"乃后书，声明当政的甲沟候候到都尉府去了，所以由其下属候长代行文书事，文首加圆点以引人注目。

钩校符是核校符号，常见形态有乚、丨、乙、○、卩、马等。它们通常是在账实、账账核对时形成的，因此都是第二次写上的，这是它们与其他符号的主要区别。钩校符的每一种形态在特定的简牍中都有一定的含义，但它的意义不像文字那么稳定，往往是因事而异。凡署有钩校符者，皆表示钩校已进行。账实、账账校对的结果虽然大多以符号表示，有时亦署以有明确意义的文字，或符号与文字二者并用。与钩校相关的行为，包括实物、人物见存之钩校及行为是否已施行之钩校，前者如《新简》EPT65·145："骍庭隧卒鸣沙里大夫范弘，年卅四。父大男辅，年六十三。乚妻大女□，年十八。乚弟大男□，年十七。乚"，后者如《新简》EPT59·194："尉史李崇，十月禄大黄布十三枚，十月辛未自取。卩"。钩校符中，乚、乙之类多表示某人或物见存，而卩多表示某行为已施行，侧重点虽不同，其实质皆表示某账（或其他文书）已经核对。

简牍版面所体现除文字、符号之外，还有许多现象值得探讨，择其要述如下。

天地。简牍上端的空白俗称"天头"，下端的空白俗称"地尾"。简牍是否留天地，与编绳的多寡相关，如两道编绳之简册常常顶天立地书写，不留空白。三道编绳之简册则留天地者居多。四道编绳以上之简册多用于书写典籍，亦留天地。上述现象与编绳在简册中的位置有关，即凡系两道编绳的简册一般以编绳为界将整简划分为长度大致相等的三段，所以三段都填满文字，不留天地，这种布局特别适用于需要分栏书写的文书尤其是簿籍之类。系三道编绳的简册，其上、下编绳一般距上、下端很近，容字空间不多，天地处不写字显得美观。在个别情况下，天头处亦用于书写标题、符号，地尾处用于书序码等。无编绳的木牍通常不留天地。

留空。除天地外，简牍中还有许多形成局部空白的因素，其中之一是为特定目的而人为地在应写字的地方留空，常见者如底稿、原稿空人名、时间等（下文以［］表示空白）。空人名如《新简》EPT40·31："二月甲申，甲渠鄣守候［］敢言之。谨"。空日期如《新简》EPF22·359："新始建国地皇上戊四年五月庚辰朔［］，甲沟候长隆以私印行候文书事，敢"。人名、日期皆空者如《新简》EPF22·163："建武五年八月甲辰朔［］，甲渠鄣候［］敢言之。府下赦令"。凡空人名、日期者当为未正式发出的文件底稿。此类文件由佐史起草，主管官员审阅后才署其名，空日期者则待签发之日才署上日期。再者为敬空。皇室文书如诏令之类，凡涉及"制"、制诏"、"皇帝"等字样，与正文间皆空一字，以示皇帝之至高无上。尚有一些技术性留空乃为避开编绳、捆扎封检，企求美观而留空白（图一七）。

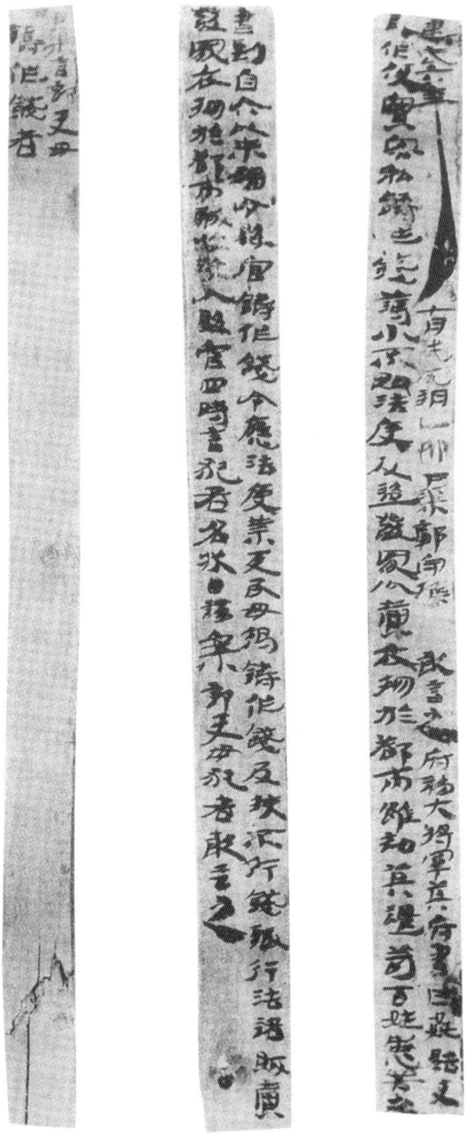

图一七　简牍所见上行
　　　文空人名例

分栏。简牍文字常见分栏书写者，其中以作为统计及会计文书之簿籍尤多见，通行文书之呈文、移文则不分栏，典籍分栏者也较少见。分栏数少则二栏，多者达十余栏不等，以分二至四栏最普遍。超过十栏者多见于历谱，如《敦》1666等简组成的历谱分十四栏。典籍分栏见于诗赋与日书，如《秦简·为吏之道》分五栏，《秦简·日书》甲、乙种有的段落分至十四栏。用于分栏的栏界形式多样，如：一以编绳为自然栏界，适用于划分二至三栏者，简牍中屡见。二为刻划栏界，通常以书刀划线，见《尹湾汉墓简牍》中的大部分木牍栏界，刻痕较浅。三为墨线栏界，界栏明显。此外，许多简牍仅以栏间空白界隔诸栏，有些则栏线与栏间空白并用。簿籍所设诸栏内容有分工，例如廪食名籍中，首栏皆为人名，第二栏为用粮日期及数量，第三栏则为领取人及时间。

抬头与提行。抬头乃指同一简牍中某些文字因特殊原因位置高于其他简文。常见者如标题抬头居简首，屡见于《秦简·封诊式》等。标题居简首，易于与正文相区别。这种抬头书于简首的标题一般为章节小标题，而大标题多单书一简或书于简背。作为章节起首或归纳小结的提示符亦常常抬头居简首。再者，皇帝及皇室成员的称谓抬头居简首，皇帝的命令称"制"、"诏"或"制诏"之类亦抬头居简首，以示皇帝的地位至高无上。标题及皇室称谓抬头书写的现象常见于篇幅较长的册书，敦煌汉简所见《王杖诏书令》册即其典型。简牍所见许多诏书的抄录件并不遵守上述规则。提行乃指意义连贯的字句，出于尊敬他人等特殊原因，人为地分成两行书写，如《甲乙编》284·25："刘宣书奏（第1行）武大伯（第2行）"，书信、名刺及封检中亦多见此类现象。亦见以空字或界隔符代替提行的办法。官文书中也见少量的提行现象，如《散》28："延熹元年十二月壬申朔甲申，宗正臣柜、丞臣敬顿首死罪，上（第1行）尚书。臣拒顿首死罪……"。此简中，"上"字为首行末字，其下尚有空位可容纳多字，但为表敬意，而将"尚书"提行书写，居次行文首。同理，公文中凡有"有教"二字之"教"亦常另起一行书写。

简牍的同一书写面，亦常见字体大小、笔迹不同及补字的现象。大小字乃为同一书写面中字形有大有小，常见者为标题、统计账主项、名籍中的主要人物以大字书写，如《尹湾》1号牍之标题"集簿"二字，不仅字形比正文大得多，字体也不同，尤显突出。笔迹不同常由多次书写而致，即同一书写面的文字与符号不是一次写成的，有时尚属不同人的手笔，如《新简》EPT51·145："居延都尉章（第一行）甲渠鄣候以亭行（第二行）九月戊戌三坞隧长得禄以来（第三行）"。为一封检，其中"甲渠鄣候以亭行"为发件人第一次署写的笔迹，字形大；"居延都尉章"及"九月戊戌三坞隧长得禄以来"为收件人第二次书写的笔迹，字迹皆小。此类形式在汉简中屡见不鲜。补字是一次书写中缺漏而后补上的文字，简牍所见补字无论补于同行文字左侧、右侧或上下二字之间，因空间有限，所以字形通常皆细小。凡见补字的简牍，一般都是草稿、底稿之类，故处理较草率。正式文本通常不允许有补字。

画除是用墨笔涂抹已写成的文字，以示舍弃某字或某句（图一八）。在简牍上写错了字，最好的办法就是用刀削去已写的一层木材，然后在新面上重新再写。但削弃的方法通常需整面刮去一层，如仅局部刮削，表面不平整，所以简牍草稿往往采用画除灭字的方式表示删除，以求快捷，如《甲乙编》257·

24："入阁　士吏千秋　士吏千秋"，此简居前之"士吏千秋"四字之上抹有一道粗墨线，其后之"士吏千秋"未抹，前者显然是由于重复而被删除。

## （三）标题目录与序码

标题是对文书或典籍内容的提示，根据不同的需要设大标题、小标题或层次更多的标题。简牍标题常处的位置及格式如下：

标题居简牍首端或首行。凡文件内容能于一简一牍书尽者，标题大多位于正文上之中央，而且其字体通常大于正文，如《尹湾》牍1所见"集簿"、《敦》1806"守御器簿"、《新简》EPT5"五凤四年八月奉禄簿"、《合校》293·1＋293·2"将军器记"、《合校》414·1A"孙卿食马粟计"皆是。有些内容完整的木牍，标题书于首栏首行，如《散》1458所见广西罗泊湾汉墓出土的《从器志》，正面共五栏、背

图一八　木简文字的画除例

面三栏，标题"●从器志"即位于首栏首行。这种形式的标题，也见于《尹湾》牍 12"君兄衣物疏"、《尹湾》牍 13"君兄缯方缇中物疏"、《尹湾》牍 13 背"君兄节司小物疏"等。

标题居册书首简及末简。册书《新简》EPT68·195 至 209 有两个相同的标题"●三十井候官始建国天凤四年四月尽六月当食者案"，一居册书首简，一居末简。有的册书首、尾标题详略不一，如《新简》EPF22·236 至 241 册的首简总标题为"●新始建国地皇上戊四年七月行塞省兵物录"，而末简归纳性标题则为"■右省兵物录"。有的册书在一个总标题之下尚分有若干小标题，如《新简》EPF22·222 至 235 册中，"●捕斩匈奴虏、反羌购偿科别"为总标题，"●右捕匈奴虏购科赏"、"●右捕反羌科赏"为小标题，两个小标题的内容总合，恰与总标题一致。残册散简所见标题，不易判断其居前或居后，但知其单居一简者，如《敦》520："●敦煌郡烽火品约"、《新简》EPT40·18："●第廿三部建平三年七月家属妻子居署省名籍"、《新简》EPT50·28："●甲渠候官绥和元年八月财物簿"、《新简》EPT52·203："●甲渠候官神爵三年九月谷出入簿"、《新简》EPT55·2："甲渠候官建平二年闰月守衙器簿"等。册书文字皆由右向左逐简书写，故知凡文首署"右"字的标题皆为册书的居后标题，今见如《敦》1814："■右候官簿"、《新简》EPT5·32："●右五命上大夫增劳名籍"、《新简》EPT51·272："●右爰书"、《新简》EPT65·276："●右秋以令射爰书名籍"皆是。册书标题之居前或居后似无定规，《包山楚简》之标题"集箸"、"集箸言"、"受期"、"疋狱"等单书一简居前。《秦简·效律》之标题"效"，居首简简背，其正面为律文之始。《秦简·封诊式》之标题则居册书之末简简背。无论居前或居后，单书一简者多为大标题（图一九）。

简牍卷宗之标题多书于楬，如《新简》EPF22·36："建武三年十二月候粟君所责寇恩事"为标题楬，楬首画网格纹。与此楬同出之卷宗，由《新简》EPF22·21 至 36 组成，其中写单行字的窄简二十一枚、写两行字的宽简十五枚，包括三份爰书、一枚"爰书"标题及一份下行文函。这三十六枚木简原编联成册，外加标题楬。有许多标题楬两面书字，两面文字大多相同，有少量正背文字相连贯。楬书标题与册书及木牍文件标题的区别在于前者涵盖的范围（包括内容与时间）比后者大。以簿籍为例，簿籍册的标题多限于某月，即月度统计或报告之类，而楬书标题多署年度，只有季度报告的"四时簿"之类，既见于册书标题，又见于楬书标题，完全视其内容多少而定。

简牍所见目录大多为诏书律令条款目录及典籍篇章目录。《合校》33·8："……书七月己酉下∣一事丞相所奏临淮海贼∣乐浪、辽东……得渠率一人购钱卅万。诏书八月己亥下∣

图一九　标题简例

事"为更始元年七八月下发诏书的目录。《合校》5·3、10·1、13·8、126·2："县置三老,二。行水兴船,十二。置孝弟、力田,廿二。征吏二千石以符,卅二。郡国调列侯兵,卅二。年八十及孕、朱需颂系,五十二。"为编册目录中的一支,据简文所见序码"二"、"十二"、"卅二"等排列,全册当由十枚简编联而成,目录所含内容多见于史籍,陈梦家先生称之为"施行诏书目录"[3],大庭脩先生称之为"令甲目录"[4]。《银雀山汉墓竹简》[壹]附《篇题木牍》:"守法、要言、库法、王兵、市法、守令、王法、委法、田法、兵令、上篇、下篇,凡十三。"为简牍典籍之篇章目录,整理小组云:"此牍腰部尚有残存的系绳,这种木牍是捆在简册书帙外面的题签。"墓葬出土的随葬物清单中,有时亦夹杂古书目录,如《尹湾》牍12:"君兄缯方缇中物疏:方缇一,刀二枚,笔二枚,管及衣各一,筭及衣二,绳杆一,掊一,墨橐一,记一卷,六甲阴阳书一卷,板旁橐一具,列女傅一卷,恩泽诏书,楚相内史对,乌傅,弟子职,列一。"此清单所列十八项,有八项是文书及典籍标题,事实上起着目录的作用。"乌傅"今见简册本文作"神乌傅"。

简册编码是为了便于查阅及避免错乱而写的顺序号,常见以下三种情形:一是逐简编码,典型的例子如武威汉墓出土的《王杖诏书令》,此册共二十六简,每简简背下端署顺序号"第一"至"第廿七"(缺"第十五"),知原册当有二十七简。类似的情形亦见于甘谷汉简,但顺序号皆署于每简简背上端。二是逐事、逐项编码。汉代诏令多逐项编码,如《散》144A:"兰台令第卅二"、《散》167A:"右王杖诏书令,在兰台第卅三"、《合校》285·17:"●功令第卅五:士吏、候长、蓬隧长常以令秋试射，以六为程，过六，赐劳矢十五日"、《合校》10·28："●北边挈令第四：候长、候史日迹及将军吏劳二日皆当三日。"汉代之符券亦编码，如《合校》65·7："始元七年闰月甲辰，居延与金关为出入六寸符券，齿百，从第一至千，左居官，右移金关，符合以从事。●第八"。据文义，此次居延与金关出入六寸符券凡千枚，依顺序排列从"第一"至"第一千"，此简所见为第八枚。其他符券序码又见《合校》65·9："第十八"、《合校》274·10："第七"、《合校》274·11："第十九"。在出入关门登记簿中，亦常见被录入的符券序码，如《合校》280·3："第三百九十八"、《合校》11·4："符第六百八"等。

## （四）稿本形态与体式

稿本指文稿与文本。简牍所见典籍基本都是已定稿之正本，故本文主要介绍公文之稿本。文稿包括草稿、定稿、手稿，文本包括正本、抄本等。草稿是简牍文书的原始稿件，是用以进行讨论修改的基础。简牍及史籍常常把"草稿"称作"草"，如《新简》EPT31·1："令史谭奏草"、《合校》286·18："掾褒奏草"、《敦》206A："与桓列书草"、《敦》715A："不及写草记"、《汉书·师丹传》："吏私写其草"。《魏书·崔琰传》："琰从训取表草视之。"草稿往往不是一次完成，有时要经过多次修改，修订草稿之实践，见《新简》EPT17·5"告主官掾更定此草，急言府"。今见简牍文书，草稿所占比例甚多，它们有明显的特征：一、字体较草率，涂抹、增补字较多。典型者如《敦》40至175、205、206、970、971、973至976凡一百三十三枚简，属同一份文档，其中《敦》89B："正月戊辰移书敦德草"，自证其为草稿。因为草稿不是正式发出的，还待修改，只要起草人及参与修订者能看懂即可，为求快捷省时，字体之工整程度必然稍差于正式文本。当然，草稿亦不乏字体工整者，这是抄写人的习惯决定的，工整与否只是相对而言。

二、草稿中凡发文人名处常以"厶（某）"或"君"字代替，如《敦》60："十月晦关书大泉都，厶再拜言。"《新简》EPF16·36、37："甲渠鄣守候君免冠叩头死罪，奉职数毋状，罪当万死，叩头死罪死罪……。"发文人名以"厶"或"君"字代替，是文件起草人为避免直书上级官员名采取的变通办法。"君"字是下级对上级的尊称，不用于自称，据此知凡发文人名署以"厶"及"君"者的文稿皆为草稿。三、空缺发文人名及日期，如《新简》EPF22·163："建武五年八月甲辰朔（此处空日干支），甲渠鄣候（此处空人名）敢言之。"空人名的意义是有待责任人审核定稿后才署上，空日期（一般是空日干支）是由于草稿撰写的时间和定稿后发文的日期非必一致，其间当有讨论、修订的过程，故先留空，待正式发文时才填上。

草稿经过修改审定，负责人已签署的完成稿即为定稿。修订草稿的过程称"定"，见《新简》EPT17·5："告主官掾更定此草"。又《汉书·朱云传》："云上书自讼，咸为定奏草，求下御史中丞。"简牍常见的负责人已经签名但未发出的文稿，当为正式文本所依据的定稿，如《新简》EPT50·5："永始四年五月甲辰，甲渠鄣候护敢言之。"《新简》EPT48·7："三月癸未，甲渠守候博移居延，写移……"这两例所见"护"、"博"皆为责任人名，笔迹异于其他简文，当为责任人签发性署名，是后写的。经签发之定稿，即可抄成正本发出，而定稿底本通常留存于发文者所在机构。

手稿是发文者亲笔写的文稿，未经秘书人员代笔，常作为正本直接发出。《新简》EPT49·45B："手书大将军檄"，是为大将军亲笔写的文告。《新简》EPT65·458："尉手记晓劝农掾得"，是为都尉写给劝农掾的亲笔信。史籍所载如《汉书·外戚传》："手书对牒背"。《汉书·薛宣传》："宣察湛有致节敬宣之效，乃手自牒书，条其奸臧……"。皆指亲笔信。

正本是正式发出的文本，根据定稿复制，用于通行。对某一机构而言，该机构的收文，绝大多数为正本。正本的特点是体式与内容完备、字体工整，典型的例子见《新简》EPF22·1至36《建武三年十二月候粟君所责寇恩事》册。

抄本是根据正本复制的，内容、格式与正本一致，简牍公文常见的抄本有以下称谓与形式：一称"别书"，犹今抄送件，如《秦简·语书》："廿年四月丙戌朔丁亥，南郡守腾谓县、道啬夫……以次传；别书江陵布，以邮行。"整理小组注："这一句是说本文书另录一份，在江陵公布。"又《新简》EPT50·48："七月癸亥，宗正丹、郡司空、大司马丞书从事下当用者，以道次传，别书相报，不报者重追之，书到言。"别书作为抄送件当为一式多份，可同时在不同的邮路路段运行。"以道次传"指按邮路逐段传递。二称"写移书"，犹今传抄本，典型者见《新简》EPF22·80至82所见册书。80、81号文云："建武三年三月丁亥朔己丑，城北隧长党敢言之。乃二月壬午病加两脾雍肿，匈胁丈满，不耐饮食，未能视事，敢言之。"82号文云："三月丁亥朔辛卯，城北守候长宜敢言之。谨写隧长党病书如牒，敢言之。今言府请令就医。"此册笔迹同，当为一人所为，80、81 号简所载虽为隧长党病书本文，但不是原件，而是城北守候长匡所为抄录本，故 82 号简云："谨写移"，即抄录的意思。亦知凡"写移书"作为传抄本，在册书中大多以附件的形式见存。三称"录"，犹今记录，《合校》36·3："……门亭部河津关毋苛止，录复使，敢言之……如律令。／掾不害、令史应。四月甲戌入。"此件为通行证。"录复使"指把当事人的通行证抄录下来然后放行。抄录的目的是为便于当事人返回时核对。类似的制度亦见于晋令，《太平御览》卷 598 引晋令："诸渡关及乘船筏上下经津者，皆有过所，写一通付关吏。"通行证大多是一证过数关，所以不可能每一道关口都留正本，因而只能逐关抄录，存抄录本备查。汉简所见由把门人抄录过往者的通行证，而晋令则由过往者录一份呈送守门人，道理是一样的。简牍所见通行证，字体皆潦草，大多当为抄录本。

简牍典籍之体式具标题（或多层次标题）与正文，有的文末署总字数，再者每简设序码。简牍簿籍多分栏，首栏通常为主项，有的字体较大。一般而言，典籍与簿籍的格式都比较稳定，不容易产生歧义。简牍文书通行文种的体式则尤值探讨，通行文种乃指下行、平行、上行公文，它最明显的特征是具备通行功能（簿籍等专用文种不具备通行性，当它们需要上送或下传时，须附着于通行文种，作为通行文种的附件运行）。受收发双方及传递过程各种因素的制约，通行文种的体式及用语有一定之规，述如下：

简牍通行文种一般不设标题，这是它与今文书最大的区别，但在传抄过程和入卷归案时往往给它设定称谓。

简牍通行文种通常署发文日期（亦即文件生效的日期）于

文首，常见形式有：一、以事叙年，后系月日，如《望山一号楚墓》1号简："齐客张呆问〔王〕于葴郢之岁，献马之月，乙酉之日"（楚称九月为"献马"）。二、书年序、月序、朔干支、日干支，如《秦简·语书》："廿年四月丙戌朔丁亥……"。凡未设年号之汉武帝建元以前的文书，多采用此形式。三、书年号、年序、月序、朔干支、日干支，如《新简》EPF22·50："建武四年五月辛巳朔戊子，甲渠塞尉放……"。其繁化形式为日干支前加日序，如《敦》1974："永和二年五月戊申朔廿九日丙子……"多见于东汉中期以后的简文。亦有不书朔日干支而直书日干支或日序者，如《合校》312·16："初元五年四月壬子……"、又《新简》82EPC·3A："大康四年九月十日……"。此外，转发函通常不署年号与年序，这是由于被转发的文件中已有年号、年序之故。私人书信大多不署日期，少量署日期者仅书月序与日序，如《新简》EPT44·5："十一月十五日为记……"。四、未署日期，多见于较随意的记书。只有少量文书署日期于文末，且大多记诏书下发日期，如《新简》EPT59·61："制诏纳言：其令百辽省所典，修厥职，务顺时气。●始建国天凤三年十一月戊寅下"。

发文者是简牍通行文种的必备要素之一，通常书于日期之后，形式有：一、各级首长署名，名前冠所在机构称谓，如《合校》284·2A："河平四年十月庚辰朔丁酉，肩水候丹敢言之……"。二、首长与副手共同署名，如《敦》796："元康元年七月壬寅朔甲辰，关啬夫广德、佐熹敢言之……"。此类形式最多见。三、代行、兼行首长职权者署名，如《新简》EPT48·25："二月庚辰，甲沟候长戎以私印行候文书事，敢言之……"。此为代行者发文。《新简》EPT59·3："河平元年九月戊戌朔丙辰，不侵守候长士吏猛敢言之……。"此为同秩级兼行者发文。四、史官署名，如《新简》EPT68·1："建武五年五月乙亥朔丁丑，主官令史谭敢言之"。史官发文多与自己分管的事务相关。五、以机构名誉发文，如《新简》EPT56·88A："官告候长辅上。记到……"。此类形式较少见，多施于向属下发出的文件。

简牍通行文种通常署收文者于发文者之后，但其中上行文大多不署收文者，下行及平行文则必署收文者。署收文者的常见形式有二：一、署收文机构，如《敦》1367："七月丁未，敦煌中部士吏福以私印行都尉事谓平望、破胡、吞胡、万岁候官：写移檄到"。有些文件仅署收文范围，如《合校》170·3A："元延二年七月乙酉，居延令尚、丞忠移过所县、道、河津关：遣亭长王丰以诏书买骑马……"，此处"过所"乃指所过之所，无定称，"过所县、道、河津关"仅指一个范围。二、署收文者职官或具体人，如《秦简·语书》："廿年四月丙戌朔丁亥，南郡守腾谓县、道啬夫……"。此简署收文者职官未涉具体人名，简牍中多见。《散》604："二年十一月己酉朔朔日，王命丞相戊、内史匽……。"此件署具体收文者名，简牍文书中多见。

正文是简牍通行文种的主体，紧接在日期、发文者、收文者之后，具体叙述要表达的内容，通常是一事一文，依据行文方向及行文的不同阶段，用语与结构稍有区别。

上行始发文是发文者直接送至收件人的上行文，未经他人转呈，如《敦》770："居摄二年八月辛亥朔乙亥，广武候长尚敢言之。初除，即日到官视事，敢言之"。又《敦》1295："元康三年九月辛卯朔癸巳，县泉置啬夫弘敢言之。谨移铁器簿一编，敢言之。"上行请转文是发文者请求第二者转呈给另一收

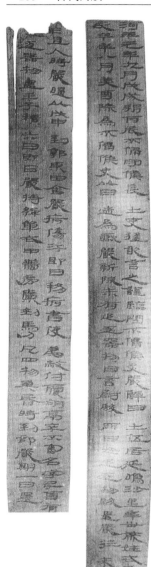

件人的上行文，如《新简》EPT 53·186："甘露三年十一月辛巳朔己酉，临木候长福敢言之。谨移戍卒吕异众等行道贳卖衣财物直钱如牒。惟官移书令乐得泭涫收责，敢言之"。凡上行请转文，文末必有请求第二方转呈其文的词句。上行或平行回报文是针对上级或他方的命令、询问而制的答复文书，如《新简》EPT52·83："建昭四年四月辛巳朔庚戌，不侵候长齐敢言之。官移府所移邮书课举曰：各推辟部中，牒别言，会月廿七日。● 谨推辟案过书刺正月乙亥人定七分，不侵卒武受万年卒盖；夜大半三分付当曲卒山；鸡鸣五分付居延收降卒世"。凡上行回报文之正文通常由两部分构成：前面部分先概要地复述来文咨询或命令的内容，其后才是对咨询、命令的具体答复，针对性很强，二者之间有时以符号"●"隔开。凡上行文，文末皆称"敢言之"以示自卑（图二○）。

图二○　书檄上行文例

下行始发文是上级对下级的直接发文，未经转发，如《新简》EPF22·462A："建武四年□□壬子朔壬申，守张掖［居延都尉］旷、丞崇谓城仓：居延、甲渠、卅井、殄北言吏当食者，先得三月食，调给有书，为调如牒。书到，付受与校计，同月出入毋令缪，如律令。"下行转发文是下行文书运行的中间阶段产生的，起着承上启下的作用，如《新简》EPT51·190A："五月丙寅，居延都尉德、库守丞常乐兼行丞事谓甲渠塞候：写移书到，如大守府书律令。"简牍所见皇室诏书皆由下行转发文逐级传抄下发。凡下行文，无论是下行始发文还是转发文，文末皆具命令语气"如律令"、"如诏书"、"书到言"等。

附件是附属于正文的文件，但它往往是简牍文书实质内容之所在，如《新简》EPT68·194 至 207 为一册书，首简 194 号为正文，文云："始建国天凤三年六月甲申朔丁酉，三十井鄣候习敢言之。谨移三月尽六月当食者案，敢言之。"195 至 207 号简为附件，标题见 195 及 207 简"三十井候官始建国天凤四年四月尽六月当食者案"。此例表明，正文只起呈文的作用，实质性内容在附件上，这种情形在简牍文书中颇多见，只是简牍出土时大多已散乱不成册，正件与附件往往已脱离而已。

起草人是汉代通行文种诸要素之一，通常书于正文之后或简背。凡正文与起草人名书于同一面者，二者之间通常以较大间距或界隔符隔开。简牍通行文种的起草人一般是各级机构的文职秘书，根据文件的重要程度，由一人或数人共同起草，在诸如候官这样的屯戍机构，士吏等武职官吏有时也参与文件的起草，故亦见署名。

## 注　释

［1］见甘肃居延考古队《居延汉代遗址的发掘和新出土的简册文物》图二一·八，《文物》1978 年第 1 期。

［2］见湖南省博物馆、中国科学院考古研究所《马王堆一号汉墓》上集 112 页，文物出版社 1973 年版。

［3］陈梦家《汉简缀述》275～281 页，中华书局 1980 年版。

［4］大庭脩《居延出土的令甲目录》，《中国法律史国际学术讨论会论文集》157～165 页，陕西人民出版社 1990 年版。

四　简牍文书分类

我国百年来出土的简牍，按内容划分大致可分为两大类：一类是简牍典籍，另一类是简牍文书。关于简牍典籍，今仍有大量的传世典籍可作为分类的依据，诸如史籍艺文志、四库分类皆可参照，对应之即可。关于简牍文书，传世古书中留存的较少，即使有记载，往往也是截头去尾，仅保留其核心内容而已，所以简牍文书分类仍是今天简牍研究中需要解决的难题之一，试述如下。

## （一）分类方法

战国秦汉以来，文书种类日趋繁杂，徐师曾《文体明辨序》云："盖自秦汉而下，文愈盛；文愈盛，故类愈增；类愈增，故体愈众；体愈众，故辨当愈严。"指出由于文书种类之趋多，分辨之困难日渐突出。简牍文书所处的时代，恰恰是中国古代文书由简而趋繁的时期，文书命名分类的角度十分繁复，所以对简牍文书的分类也应充分考虑时代的特殊性，应从多层次多角度进行分析。

今见之简牍文书，按其自身的特征、功能的差异分辨，大致有六大类：

一、书檄类。其特征是自身具备通行功能，亦可载运同类别或其他类别的文书运行，作用犹今之通用文种，常见者有书、檄、记、教、传、致等。

二、律令类。律令大多以条款形式见存，适用期长，常见者有律、令、科、品、约、式、程等。

三、案录类。案录之类是对客观事物及言行的实录，常见者有案、录、刺、课、状、辞、志等。

四、符券类。符券为信用凭证，一式两份或多份，由当事各方分别持有，常见者有符、券、莂等。

五、簿籍类。簿籍属专用文种，大多分栏书写，内容与会计、统计相关，常见者有簿、籍、算、计、校等。

六、检楬类。检楬主要用以封缄及标识，是他类文书或物品的附属。

属于同一大类的简牍文书，又可从不同角度划分文种。

按发文者划分：皇室文书有特定称谓，如命书、制书、诏书、玺书之类。官府文书有府书、府檄、府君记、府君教、将军令之类，皆冠以发文机构、官职或具体人名。

按事类划分：如除及遣书、视事书、调书、举书、病书、警檄、赦令、邮书刺、日迹簿、赐劳名籍之类，皆冠于某项事类。

按行文方向划分：如上书、上府书、诸官往来书、诸部往来书、报书之类，皆冠于行文方向。

按传递方向划分：如南书、北书、西书、东书、北记之类，皆冠于传递方向。

按简牍外形划分：如扁书、板檄、合檄、尺记、尺籍、六寸符券、参辨券、版诏令之类，皆冠于简牍外观形态或尺寸之类。

按稿本形态划分：如上书副、定簿、本籍、别书、写移书、写移檄、手记、手书大将军檄、自膳书之类。

按文书期限划分：如恒书、月食簿、月言簿、四时簿、四时举、四时吏名籍、月旦见铁器簿等。

具体文种的称谓，有时可简化，如"举书"单称"举"，见《合校》285·4："行塞举"、《合校》145·4："吏去署举"等。"名籍"单称"名"，见《合校》210·2："吏卒名"、《合校》480·16："省卒名"、《合校》506·2："赋就人钱名"、《新简》EPT56·31："卒更日迹名"。"计簿"单称"计"，见《合校》293·7："狱计"、《合校》414·1A："食马廪计"、《合校》512·15："完车计"、《新简》EPT57·69B："干饭眉计"等。综上，按性质特征与功能划分是纵向划分，而按事类、发文者、稿本形态等不同角度划分则为横向划分，纵横的交点往往是具体文件所在的坐标。

## （二）书檄类

书檄类是简牍文书中最活跃、最常用的类别。简牍书檄最主要的特性是其通行性，即它一旦被制作出来，必然要由此及彼运行，运行的方向、收件者皆十分明确。簿籍类、录课类等不具备通行性，当它们需要运行时，必须以书檄作为运载母体，而自身只是书檄的附件。契券类有少数文种具备通行性，但它不能搭载其他文书运行，而且主要起凭证作用。根据是否具有通行性来界定，简牍常见的书、檄、记、传、致、教等皆属书檄类。书檄类诸文种，又由它在文书行政中的作用来划分，体式与用语稍有差别，但界限不甚严格，取义可广可狭，所以在一定条件下，名称可互易，皆由其共性而致。简牍所见书檄类名目有命书、诏书、恩泽诏书、作亭诏书、清塞下诏书、赦诏书、赦令诏书、制书、玺书、王路堂免书、刺史书、莫府书、大将军莫府书、府书、大守府书、大守书、都吏书、都尉府书、都尉书、赋书、候书、语书、尉书、治所书、居延书、殄北书、掾书、程卿书、诸官往来书、诸部往来书、部士吏及候长往来书、除书、除及遣书（图二一）、吏除遣及调书、调书、官调书、奏调、视事书、劾逮遣书、逮书、毄书、病书、自言书、变事书、责书、宁书、举书、府举书、禀书、行亭书、报书、爰书、自证爰书、病爰书、病卒爰书、疾卒爰书、病诊爰书、卒病死爰书、病死爰书、病死物爰书、病死告爰书、骑士死马爰书、驿马病死爰书、秋射爰书、射爰书、吏民相牵证任爰书、证任名籍爰书、毋责爰书、卒不贳卖爰书、殴杀爰书、奏谳书、大扁书、扁书、关书、牒书、久书、恒书、疏书、记书、

图二一　书于封检之派遣书

蒲书、上书、上府书、上大常书、邮书、南书、北书、北书记书、西书、西蒲书、东书、檄书、省官檄书、檄、将军檄、手书大将军檄、都尉府檄、起居檄、府檄、府掾檄、官檄、候官檄、廷檄、塞尉檄、尉檄、警檄、行塞檄、行罚檄、入关檄、出入檄、板檄、北板檄、合檄、南校檄、南合檄、西合檄、记、府记、府君记、官记、候记、尉记、尉手记、手记、檄记、尺记、北记、教、将军教、府教、府君教、记教、传致、官致、吏卒廪致、食用谷致、廪致、吏妻子从者奴私马廪致、传致等。

皇室文书有特定的称谓，秦统一前称"命书"，统一后称"诏书"、"制书"，至汉又分为四：策书、制书、诏书、诫敕。《秦简·为吏之道》："命书时会，事不且须。"命书本文见四川省青川县郝家坪50号战国秦墓木牍，其文云："二年十一月己酉朔朔日，王命丞相戊、内史匽……。"《文心雕龙·诏策》："诰命动民，若天下之有风矣。降及七国，并称曰命。命者，使也。秦并天下，改命曰制。"《史记·秦始皇本纪》："臣等谨与博士议曰：古有天皇、有地皇、有泰皇，泰皇最贵。臣等昧死上尊号，王为泰皇。命为制，令为诏，天子自称曰朕。"《后汉书·光武帝纪》注引《汉制度》："帝之下书有四：一曰策书，二曰制书，三曰诏书，四曰诫敕。策书者，编简也，其制长二尺，短者半之，篆书，起年月日，称皇帝，以命诸侯王。三公以罪免亦赐策，而以隶书，用尺一木两行，唯此为异也。制书者，帝者制度之命，其文曰制诏三公，皆玺封，尚书令印重封，露布州郡也。诏书者，诏，告也，其文曰告某官云，如故事。诫敕者，谓敕刺史、太守，其文曰有诏敕某官。它皆仿此。"简牍所见还有许多请诏文，这是请求皇帝就有关问题作批复的报告。今简牍所见诏书，相当多的是以大臣请诏、皇帝批复制诏的形式出现的。凡请诏或其他上书给皇帝的文书，文首必称"昧死言"、"昧死奏"、"昧死请"之类，如《合校》10·27，5·10，332·26："御史大夫吉昧死言'……臣请布，臣昧死以闻。'制曰'可'"。昧死，冒死罪。《汉书·高帝纪》："燕王臧荼昧死再拜言。"张晏注："秦以为人臣上书当言昧犯死罪而言，汉遂遵之。"

    皇室之外诸机构向下传达的文书必称"下"、"告"或"谓"，如《新简》EPT58·56："五月戊辰，丞相光下少府、大鸿胪、京兆尹……"。《新简》EPF22·71A："六月壬申，守张掖居延都尉旷、丞崇告司马、千人官谓官、县……。"下行用语常见"承书从事下当用者"。此语有两重含义：一是收件者须按来文的要求行事。二是将来文精神再传达给有关部门与人员。王国维云："承书从事下当用者乃汉时公文常用语，《三王世家》、《孔庙置百石卒史碑》、《无极山碑》均有此语，犹后世所谓主者施行也。"下行文常见的"如诏书"、"如律令"语，指遵照相关诏书律令执行。王国维云："律令者，《史记·酷吏传》云前主所是著为律，后主所是疏为令。《汉书·朱博传》云三尺律令是也。汉时行下诏书或曰如诏书、或曰如律令，苟一事为律令所未具而以诏书定之者则曰如诏书，如《孔庙置百石卒史碑》、《无极山碑》及前两简是也。苟为律令所已定而但以诏书督促之者则曰如律令，《史记·三王世家》所载元狩六年诏书是也。如者谓如诏令行事也。如律令一语不独诏书，凡上告下之文皆得用之，《朱博传》、告姑蔑令丞檄、永初讨羌檄及此简皆是，其后民间契约、道家符咒亦习用之。""言到日"、"书到言"指回报收到来文的日期。王国维云："言到日者，犹

《三王世家》及汉碑诏书后所谓书到言也。汉时行下公文必令报受书之日，或云书到言，或云言到日，其义一也。"

书檄上行文必用谦语，以示对上级的尊敬。最常用的谦语是"敢言之"，如《敦》1295："元康三年九月辛卯朔癸巳，县泉置啬夫弘敢言之。谨移铁器簿一编，敢言之"。两次称"敢言之"。敢，冒犯、冒昧。《广雅·释诂》："敢，犯也。"《仪礼·士虞礼》："敢用洁刚鬣。"郑玄注："敢，昧冒之辞。"贾公彦疏："敢，昧冒之辞者，凡言敢者，皆是以卑触尊不明之意。"简牍私信使用谦语最多，常见者有"叩头言"、"叩头白"、"叩头白记"、"叩头死罪言"、"伏地白"、"伏地再拜请"等，问候语有"毋恙"、"善毋恙"、"万年毋恙"、"起居平善"、"起居毋它"等，祝福语有"愿某近衣强奉酒食"、"愿某足衣强食"、"愿君加湌食，永安万年，为国爱身"、"愿某适衣进食察郡事"、"伏地愿某近衣适近酒食"、"愿闻记不多言自爱"等。

平行文或无隶属关系的机构之间的往来文书用中性词"移"、"敢告"等。"移"谓移文，如《合校》170·3："元延二年七月乙酉，居延令尚、丞忠移过所县道河津关"云云。《广雅·释诂》："移，转也。"《广韵·支韵》："移，官曹公府不相临敬，则为移书，笺表之类。"《汉书·律历志》："寿王又移帝王录"。王先谦曰："凡官曹平等不相临敬，则为移书。后汉文'移'字如见于此。"敢告，指尊敬地告知对方，如《新简》EPT52·99："建始元年九月辛酉朔乙丑，张掖大守良、长史威、丞宏敢告居延都尉"云云。

檄是书檄类中语气急切强烈、说理透彻的一种，具有较强的劝说、训诫与警示作用，简牍常见的警檄，文末皆有严厉的警示句，如《合校》278·7A："……檄到，循行部界中，严教吏卒警烽火，明天田，谨迹候望，禁止往来行者，定烽火辈，送便兵战斗具，毋为虏所萃槃。已先闻知，毋忽如律令"。《文心雕龙·檄移》："檄者，皦也。宣露于外，皦然明白也。张仪檄楚，书以尺二。明白之文，或称露布。露布者，盖露板不封，播诸视听也。"《玉海》卷二〇三引西山先生曰："檄贵铺陈利害，感动人意。"檄大多用于下行文，但亦见用于下奉上者，如《新简》EPT51·254："积河东，毕已，各以檄言积别束数，如律令……"明言属下须以檄申报有关情况，知上行文亦用檄。《释名·释书契》亦云："檄，激也，下官所以激迎其上之文书也。"

　　记是书檄中体式较简略者，如《合校》160·4："告第廿三候长：记到，召箕山隧长明诣官，以急疾为故，急急"。此为官记，体式不如书、檄严谨，具有一定的随意性（图二二），与私人信件有类同之处（图二三），故二者皆称"记"。大多数官记未设年号年序，或仅署月序及日干支。亦未署责任机构或负责人称谓，仅署"府告"、"官告"之类，未见起草人署名。记的应用比较广泛，《汉书·张敞传》："受记考事"。师古注："记，书也。若今州县为符教也。"

图二二　简牍所见官记例

图二三　简牍所见私记（私人书信）

传是通行证之类。《释名·释书契》："传，转也，转移所在执以为信，亦曰过所，过所到关津以示之也。"传有公务用传与私事用传的区别，前者如《新简》EPT53·46："初元三年六月甲申朔癸巳，尉史常敢言之。遣守士吏泠临送罢卒大守府，与从者居延富里徐宜马……毋苛留止，如律令，敢言之"。后者如《合校》15·19："永始五年闰月己巳朔丙子，北乡啬夫忠敢言之。义成里崔自当自言为家私市居延。谨案：自当毋官狱徵事，当得取传，谒移肩水金关、居延县索关，敢言之。闰月丙子，觻得丞彭移肩水金关、居延县索关。书到，如律令。掾晏、令史建"。公务用传直接由出行人所在县级以上机构颁发，传中常有出行待遇的说明"舍传舍"、"从者如律令"等语。私事用传则须由出行者首先向所在乡提出申请，经乡审核，再报所在县批准发放。

致为通知书，如《合校》15·18："建平三年闰月辛亥朔丙寅，禄福仓丞敞移肩水金关：居延坞长王戎所乘用马各如牒。书到，出如律令"。此致的功能与传相类，不同的是传的适用地域广泛，而致只适用于特定的地点。又，致不仅用作出入关凭证，有关其他事项通知书亦称之为"致"。

## （三）簿籍类

簿籍属经济文书，犹今各式账簿与名册，服务于经济活动与行政管理，属专用文种，在简牍文书中所占比例最多。簿和籍的体式有许多共同之处（早期二者混用），故可归属于一大类。但簿和籍的主项侧重点有区别：簿通常以人或钱物的数量值为主项，而籍大多以人或钱物自身为主项，数量为辅。

简牍所见簿的名目有集簿、兵车器集簿、铁器出入集簿、出入簿、谷簿、谷出入簿、受城官谷簿、谷出入四时簿、米出入簿、糒簿、食麦簿、月食簿、食簿、余茭出入簿、茭出入簿、官茭出入簿、省卒伐茭簿、茭积别簿、省卒伐茭积作簿、府卿出茭簿、临渠官种簿、盐出入簿、廪直簿、钱簿、钱出入簿、赋钱出入簿、赋钱簿、见钱出入簿、吏奉秩别用钱簿、吏员秩别用钱度簿、奉禄簿、偿及当还钱簿、财物出入簿、财物直钱出入簿、受库钱财物出入簿、计余兵谷财物簿、财物簿、兵簿、全兵簿、被兵及留兵簿、完兵出入簿、完兵簿、兵完坚折伤簿、折伤簿、折伤兵簿、折伤兵出入簿、兵折伤敝绝簿、被兵簿、卒被兵簿、戍卒被兵簿、吏被兵簿、卒被簿、亭隧被兵薄、吏卒被兵簿、吏卒被兵隧别簿、官兵卒留兵簿、受具弩簿、辟弦纬簿、兵守御器簿、守御器簿、亭隧烽干转射沙造数簿、铁器簿、茹出入簿、什器簿、车用釭铜费直簿、驿马阅具簿、胁出入簿、折伤牛车出入簿、出席簿、物故衣出入簿、枲蒲及适枲诸物出入簿、大司农部掾簿、吏员簿、戍卒簿、罢卒簿、卒出入簿、计余诸员见要具簿、伐阅簿、伐阅官簿、訾直伐阅簿、伐阅訾直累重官簿、累重赀直官簿、累重赀直伐阅簿、二千石以下至佐史及卒当劳赐簿、迹簿、日迹簿、徼迹簿、日徼迹簿、迹候簿、卒迹簿、卒日迹簿、吏日迹簿、吏卒日迹簿、候长候史日迹簿、部日迹簿、日作簿、卒日作簿、卒作簿、省卒日作簿、省卒作别簿、省卒葵日作簿、亭日作簿、定作簿、垒亭簿、垦田簿、卒居署贳卖官物簿、责券簿、具簿、史将簿、官簿、候官簿、尉簿、塞延袤道里簿、亭间道里簿、奏事簿、出关簿、月言簿、四时簿、四时杂簿、校簿、计簿。

"计簿"亦简称"计",今见"计"、"粟计"、"食马廪计"、"干饭眉计"、"完车计"、"狱计"、"削入钱计"。有些合计账简称"算",今见"计簿算"、"功算"、"吏功算"、"尉功算"、"劾算"、"遣符算"、"檄算"、"行事算"、"大司农部掾簿录簿算"、"四时算"、"四时簿算"。"校簿"简称"校",今见"出入校"。

簿，账簿。《周礼·冢宰·司书》："司书掌邦之六典、八法、八则、九职、九正、九事，邦中之版，土地之图，以周知入出百物，以叙其财，受其币，使入于职币。"郑氏注："叙犹比次也，谓钩考其财币所给及其余见为之簿书。"贾公彦疏："云所给及其余见为之簿书者，司书周知入出百物以叙其财。明知叙其财者，所给诸官余不尽者，即以余见为之簿书，拟与司会钩考之。"《汉书·匡衡传》："领计簿"。最早的账簿是文字叙述式的，与一般通行文书无多大差别，故"书"、"簿"常混称。至秦汉时期，简牍簿籍所见体式已与书檄分离，簿、籍已明显划分出记载不同要素的若干栏目。如上所见，简牍账簿的名目繁多，今择几种典型的介绍如下。

集簿，犹今综合统计账，典型者见《尹湾》1、2、6号牍（全文略）。集，汇总、合计，凡是集簿所见数值都是合计数，由大量的同质的不同个体汇总而来，不是个别单位数值的体现。《续汉书·百官志》刘昭注引胡广《汉官解诂》："秋冬岁尽，各计户口垦田，钱谷出入，盗贼多少，上其集簿。"集簿所设项目，犹今统计指标，它是反映同类社会经济现象某种综合数量特征的概念和数值，由指标名称和指标数值构成。指标名称由统计研究的目的确定，它与经济管理、监督的需要息息相关，与所处的政治情况、经济水平相适应，如《尹湾》1号牍《集簿》设指标项目近六十项，大致分为五大类：一、行政机构、区划类，包括县、邑、侯国、乡、里、亭、仓、邮数及郡界。二、官吏及荣誉、教化人员，包括县乡三老、孝弟、力田、太守府、都尉府、县、邑、侯国吏员数。三、户口类，包括户、口、男、女、年七十以上、八十以上、九十以上、六岁以下数。四、土地类，包括提封、侯国邑居园田、种宿麦、种各种植物的面积。五、钱谷类，包括钱出入、谷出入数量等。

月言簿，月度会计报告，标题中凡冠以月份的账簿皆为月度报告，《合校》81·3："卅井降虏隧始建国二年四月什器簿。"

四时簿，季度会计报告，标题中凡冠以某月至某月（积三月）的账簿即为季度报告，如《新简》EPF22·703："建始三年十月尽十二月四时簿"。

校簿，账实核对过程中产生的盘点清库账，秦汉简牍中屡见的《效律》是这类账目的法律依据。

简牍账簿中最常见的是各类物资的统计账，如"谷簿"为粮食统计账，"守御器簿"是有关城防器具材料的统计账，"茭积簿"是堆积茭草的统计账，"吏赀直簿"是官吏财产价值的统计账等。

出入簿，出纳账，简牍常见之。"钱出入簿"为现金出纳账，"谷出入簿"为粮食出纳账。出入簿是简牍时代最主要的会计记录方式，基本上按照会计对象的自然属性进行分类立账。"出入簿"的每一笔账，即使是单出、单入账，皆具备以下要素：一、有明确的会计记录符号，入账称"入"，其后或设"受"与之呼应。"入"指所入钱、物及其数量，而"受"用以表明该钱物受自何方。出账称"出"，其后或设"给"、"赋"、"以食"、"以给"、"给食"之类呼应。"出"表明支出的钱、物及其数量，而"给"、"赋"等用以表明钱、物的支付方向及接收者。出入复合账中凡出入平衡者仅见"出"、"入"两种符号，有盈余者则设"余"字表明盈余数量。二、有明确的会计对象，如钱、谷、茭、盐之类，它是出入簿据以立项的物质基础。三、有明确的数量，含数据与法定度量单位。四、多数出入簿有明确的收支时间（单支散简有时未能体现出时间要素）（图二四）。

计簿通常指流水账，简文多简称为"计"，以经济事项发生的时间先后为序，逐日或逐时进行登记，序时会计记录的特征非常明显。从计簿中亦可看出，汉代已有大量以货币量度进行核算的做法，把难于进行比较的经济事物统一以货币计量单位，便于综合进行核算，但在总结算时，仍主要采用实物量度的办法。

图二四 简牍所见出粟簿

简牍所见尚有许多勤务统计,如"日作簿"、"日迹簿"等,多以劳动日为计量单位。

简牍所见籍的名目有四时名籍、四时吏名籍、吏名籍、卒名籍、卒籍、鄣卒名籍、省卒名籍、罢卒籍、病卒名籍、卒家属名籍、卒家属在署名籍、卒家属见署名籍、省卒家属名籍、吏卒名籍、车父名籍、居署名籍、居署省名籍、定罢物故名籍、弟子籍、以赦令免为庶人名籍、卒病饮药有廖名籍、廪名籍、吏卒廪名籍、卒廪名籍、鄣卒廪名籍、廪卒名籍、卒家属廪名籍、食名籍、廪盐名籍、奉赋名籍、吏奉赋名籍、受奉名籍、受奉赋名籍、受禄钱名籍、戍卒受庸钱名籍、墨将名籍、自占书功劳墨将名籍、功墨将名籍、功墨、赐劳名籍、夺劳名籍、增劳名籍、射爰书名籍、爰书名籍、告劾副名籍、卒贳卖名籍、戍卒贳卖衣财物爰书名籍、戍卒贳卖衣财物名籍、行道贳卖名籍、行道贳卖衣财物名籍、戍卒行道贳卖衣财物名籍、部卒贳卖衣物骑司马令史所名籍、阁卒市买衣物名籍、亭卒不贳卖名籍、卒被兵本籍、被兵名籍、戍卒被兵名籍、亭别被兵籍、卒假兵姑臧名籍、罢卒留兵名籍、吏肆射伤弩名籍、兵守御器戍卒名籍、兵守御器吏卒名籍、吏民出入籍、致籍、出关致籍、输谷输塞外输食者出关致籍、关籍、出入关传致籍、吏妻子出入关致籍、卒始茭名籍、创别名籍、衣物名籍、戍卒病死衣物名籍、戍卒物故衣名籍、仓谷车两名籍、什器校券名籍、传马名籍、传驿马名籍、属国胡骑兵马名籍、户籍、陵籍、耦人籍、食器籍、瓦器籍、五谷小橐蓝芥伤籍、尺籍等(图二五)。"名籍"亦简称"名",今见吏卒名、省卒名、罢吏卒名、出歌人伯史名、勑吏卒名、署相代乘隧占别名、举书隧别名、吏卒当劳赐名、吏卒廪食名、赋就人钱名、所受吏帛

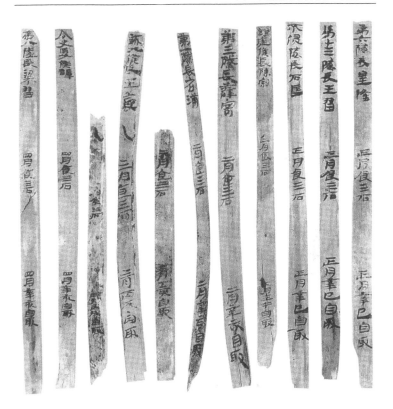

图二五　简牍所见廪食名籍

名、所受卒什器名、吏假兵名、治卒车吏名、卒更日迹名、卒
治大司农荽名。籍，名册。《说文》：“籍，簿也。”以簿训籍，
表明二者功能相类。《释名·释书契》：“籍，籍也，所以籍疏人
民户口也。”《文心雕龙·书记》：“是以总领黎庶，则有谱、籍、
簿、录……籍者，借也。岁借民力，条之于版，《春秋》司籍，
即其事也。”凡籍者皆以人为核心，如《新简》EPT51·4：“居
延甲渠第二队长居延广都里公乘陈安国，年六十三，建始四年

八月辛亥除，不史"等。上文所见"耦人籍"、"食器籍"为西汉早期物，此类籍西汉中期后皆称作"簿"，即反映先秦至西汉初"簿"、"籍"的界限尚不分明。

简牍所见籍不仅服务于行政管理，大多也与经济活动相关，而且与簿之间有明显的对应关系。相应的名籍与账簿常常同卷归档，如《合校》67·47："廪亭别名籍、出入簿"、《合校》174·34："五凤四年八月尽五年四月吏假兵名及兵□伤别簿"。这种现象绝非偶然，二者当有相互依存的关系。对某一账簿而言，相应的名籍起着原始凭证的作用，如"吏奉赋名籍"与"赋钱出入簿"之间，"廪名籍"、"食名籍"与"谷出入簿"、"月食簿"之间，"被兵名籍"与"被兵簿"之间即有相互依存的关系。以"廪食名籍"与"廪食簿"为例，如《合校》88·26"出糜大石一石七斗四升，始元二年七月庚子朔以食吏一人尽戊辰廿九日积廿九人，人六升"之类是给个人发放粮食的账簿，但没有写具体人名，如需知粮食发给何人，须从相应的名籍中查阅，此类相应名籍如《新简》EPT26·3"第二十三候长兒政，十月食一斛六斗，十一月丙申士吏翕取"之类即是。对同一件事而言，相应簿、籍显示的数据当相符。

## （四）律令类

简牍所见律令文多以条款形式见存，包括律、令、科、品、约、式等，数量甚多，今见以云梦睡虎地秦墓竹简及江陵张家山汉墓出土律令简为典型。

律，法律。《尔雅·释诂》："律，常也。"邢昺疏："律者，常法也。"简牍所见律的名目有诏书律、贼律、盗律、具律、亡律、收律、复律、赐律置后律、爵律、兴律、秩律、囚律、捕律、捕盗律、户律、魏户律、金布律、田律、为田律、厩苑律、仓律、关市律、工律、均工律、徭律、司空律、军爵律、置吏律、效律、传食律、行书律、内史杂（律）、尉杂（律）、属邦（律）、除吏律、游士律、除弟子律、中劳律、臧律、公车司马猎律、牛羊课（律）、傅律、敦表律、戍律、魏奔命律、杂律、□市律、均输律、史律、告律、钱律、奴婢律、蛮夷律、"出入罪反罪之"律等。睡虎地秦墓竹简尚见《法律答问》，它是对法律条文的解释，多采用问答形式，被解释的大多是法律的主体——刑法部分，也有对民法及程序法的说明。《法律答问》引用的某些律文年代较早。秦简整理小组云："例如律文说'公祠'，解释的部分则说'王室祠'。看来律文应形成于秦称王以前，很可能是商鞅时期制定的原文。"又云："据《晋书·刑法志》和《唐律疏议》等书，商鞅制定的秦法系以李悝《法经》为蓝本，分《盗》、《贼》、《囚》、《捕》、《杂》、《具》六篇。《法律答问》解释的范围，与这六篇大体相符。"

令，法令。《尔雅·释诂》："令，告也。"《周礼·大司马》："犯令陵政则杜之。"注："令，犹命也。"《说文》："令，发号也。"《盐铁论·刑德》："令者，所以教民也。又诏圣令者，教也，所以导民。"现任国王、皇帝的指示称做"令"，《史记·酷吏列传》："客有让周曰：'君为天子决平，不循三尺法，专以人主意指为狱。狱者固如是乎？'周曰：'三尺安出哉？前主所是著为律，后主所是疏为令，当时为是，何古之法乎！'"简牍所见令的名目有版诏令、赦令、甲子赦令、津关令功令第卅五、公令第十九、令乙第廿三、北边挈令第四、御史挈令第廿三、兰台挈令、尉令第五十五、大尉挈令、大鸿胪挈令、赐劳令、击匈奴降者令、兰台令第卅三、御史令第卅三、王杖诏书令、将军令、军斗令、合战令等。汉令有以天干顺序排列的，称《甲令》、《乙令》、《丙令》或《令甲》、《令乙》、《令丙》，简牍所见《令乙》即其一，又《汉书·宣帝纪》：地节四年九月诏"令甲，死者不可生，刑者不可息"。文颖注："萧何承秦法所作为律令，律经是也。天子诏所增损，不在律上者为令，令甲者，前帝第一令也。"如淳注："令有先后，故有令甲、令乙、令丙。"师古注："如说是也。甲乙者，若今之第一、第二篇耳。"《新书·等齐篇》："天子之言曰令，《令甲》、《令乙》是也。""挈令"是朝廷有关执法机构根据本部门的需要，从国家法令条款中抄录有关内容，另编成册，并冠以机构名，如上文所见"廷尉挈令"之类；适用于局部地区者则冠以地区名，如《北边挈令》之类。

科、品，法规事条，是对律、令的补充，《后汉书·桓谭传》："今可令通义理明习法律者，校定科比，一其法度，班下郡国，蠲除故条。"注："科谓事条，比谓类例。"袁宏《后汉纪》："今科条品制禁令，所以承天顺民者，备矣悉矣。"《晋书·刑法志》："《盗律》有劫略、恐谒、和卖买人，科有持质，皆非盗事，故分以为《劫略律》。""《囚律》有告劾，传覆，《厩律》有告反逮，科有登闻道辞，故分为《告劾律》。""《杂律》有假借不廉，《令乙》有呵人受钱，科有使者验赂，其事相类，故分为《请赇律》。"凡是法律对有关事项级次的规定称"品"，《后汉书·安帝纪》：元初五年诏："旧制律令，各有科品。"《汉书·梅福传》："叔孙通遁秦归汉，制作仪品。"《汉书·匈奴传》："给缯絮食物有品。"《盐铁论·复古》见"盐铁令品"。简牍所见科品名目有捕斩匈奴虏反羌购偿科别、捕匈奴虏购科赏、捕反羌科赏、罪人得入钱赎品、守御器品、烽火品、品约、烽火品约、约、条品、品条等。品本文如《新简》EPT56·35 至 37："大司农延奏罪人得入钱赎品：赎完城旦舂六百石，直钱四万。髡钳城旦舂九百石，直钱九万"。

式，范例、模式。《说文》："式，法也。"简牍所见式的名目有封诊式、品式等。封诊式见于睡虎地秦墓竹简，它是针对刑事、民事案件侦破、审讯、查封等过程中常见的现象，归纳其中行之有效的处理方法作为模式，供办案人员参考。

## （五）案录类

简牍中有一类文书既不同于书檄，与簿籍又有区别，自称为案、录、刺、志、课等，以实录为主，兼具数据，课还包括考核的内容，皆有凭证备查功能。

案、录、志的形式内涵相近，都是对客观事物或账簿等的实录，其名目有功劳案、功案、当食案、当食者案、卒物故案、治所录、使者治所录、刺史奏事簿录、府录、莫府录、省兵物录、行塞省兵物录、从器志、东阳田器志、将军器记、行塞劳勑吏卒记等。经查实而将有关事项记录在案以备查的文书形式称做案，犹今档案，《新简》EPT68·195 至 207 所见为"当食者案"本文，当抄自有关出纳账，故其外在形式与出入簿相似。"功劳案"是有关官吏功绩的档案，或录自"功劳墨将名籍"，故其用语相类。录，记录、实录。《周礼·天官·职币》："皆辨其物而奠其录。"孙诒让正义："凡财物之名数，具于簿籍，故通谓之录。"简牍所见如《新简》EPF22·236 至 241："●新始建国地皇上戊三年七月行塞省兵物录；"●新始建国地皇上戊三年七月行塞省兵物录：省候长鞍马追逐具，吏卒皆知烽火品约不。省烽干鹿卢索完坚调利，候卒有席荐不。省守梧具、坞户调利有狗不……右省兵物录。"此册自称"省兵物录"，实为"省兵物"之提纲，即事先拟定要调查的内容，要求调查者按提纲所列若干条将相应事实记录在案。这种方式与汉代"录囚"相类，《续汉书·百官志》："诸州常以八月巡行所部郡国录囚。"注引胡广曰："县邑囚徒皆阅录视，参考辞状，实其真伪，有侵冤者，即时平理。"录的形式或为按事先预定的方案进行的调查记录。志，记也，实录，广西贵县罗泊湾出土的《从器志》，乃为随葬器物的记录，形式与账簿同。实录形式的统计也有称"记"者，如《合校》293·1，293·2："将军器记"，是将军生活用品的登录。此处"记"虽与书檄类"记书"之"记"字同，含义却有区别。

　　刺是用以谒见禀报的实录文书（图二六）。《文心雕龙·书记》："百官询事，则有关刺解牒。"《汉书·外戚传》："今皇后有疑，便不便其条刺，使大长秋来白之。"师古注："条谓分条之也。刺谓书之于刺板也。"《释名·释书契》："书称刺书，以笔刺纸简之上也。又曰到写写此文也。画姓名于奏上曰画刺。作再拜起居，字皆达其体，使书尽边，徐引笔书之如画者也。下官刺曰长刺，长书中央一行而下也。又曰爵里刺，书其官爵及郡县乡里也。"简牍常见之"名刺"，犹今名片，亦称"谒"。名刺本文如《散》1020："中郎豫章南昌都乡吉阳里吴应，年七十三，字子远。""邮书刺"（或称"过书刺"）是传递邮书的记录，屡见于西北出土的汉简，通常分多栏书写，一般为三栏，少者二栏，多则达五栏。首栏记邮件的传递方向及总量，中栏记邮件的种类（如诏书、书、檄等）及每类的数量、封泥

图二六　连云港尹湾汉墓出土的名刺

上的印章（即发件文）、收件人，有的还记传递方式及邮件始发起程时间。末栏记邮件在某段邮路传行的起讫时间及经手人。简牍所见如《合校》288·30："南书五封：二合檄，张掖城司马，毋起日，诣设屏右大尉府。一封诣右城官。一封诣京尉侯利。一封诣谷成东阿。八月辛丑日餔时，驿北受橐佗莫尚卒单崇，付沙头卒周良。"课是考核实录，通常写有考核评语，简牍最常见的有"邮书课"，其形式与邮书刺相类，只是文末多一些考核词句，如《新简》EPW·1："书一封，居延都尉章，诣大守府。三月癸卯鸡鸣时，当曲卒便受收降卒文；甲辰下餔时，临木卒得付卅井城勢北卒参。界中九十八里，定行十时，中程"。文末含传行里程、耗费时间及是否符合法定程限的结论。还有一些实录文书简牍中亦屡见，如封缄发文记录及收文启封记录等，但未知其相应称谓。

# （六）符券类

符券类为契约合同文书，一式两份或多份，同式各份间以契刻或以笔划线条为相合标志，以示信用。以契刻为合符形式者，称为"符"或"券"，或"符券"连称。以笔画线条为合符形式者，称为"傅别"或"莂"。符为契券的一种，大多长六寸。《说文》："符，信也，汉以方六寸为符，六尺为步。"《论衡·谢短篇》："六寸为符，六尺为步。"符长六寸承自秦制。《史记·封禅书》："于是秦更命河曰'德水'，以冬十月为年首，色上黑，度以六为名。"张晏注："水，北方，黑。水终数六，故以方六寸为符，六尺为步。"符之名目有符、出入六寸符、出入六寸符券、第六平旦迹符、第卅符、第十五符、府符、隧长孙时符、隧长张彭祖符、骜候符、符券等。符本文如《合校》65·7："始元七年闰月甲辰，居延与金关为出入六寸符券，齿百，从第一至千，左居关，右移金关，符合以从事。●第八"。此为出入符，用以出入金关，旁侧有刻齿。契券，符券的一种，旁侧有刻齿，但长度不限于六寸，大多以尺简或尺牍为之，其名目有券、参辨券、校券、衣物券、卒责券、什器校券等。简牍常见者有债券及日迹券，前者如《散》52："元平元年七月庚子，禽寇卒冯时买橐络六枚杨卿所，约至八月十日与时小麦七石六斗，过月十五日，以日斗计，盖卿任。"史籍所见债券的应用如《史记·高祖本纪》："常从王媪、武负贳酒，醉卧，武负、王媪见其上常有龙，怪之。高祖每酤留饮，酒雠数倍，及见怪，岁竟，此两家常折券弃责。"日迹券如《散》205，正面文"十二月戊戌朔，博望隧卒旦徼迹，西与青堆隧卒会界上刻券"、背文"十二月戊戌朔，青堆隧卒旦徼迹，东与博望隧卒会界上刻券"。"日迹符"与"日迹券"有区别，"日迹符"是吏卒进行日迹活动的凭证，当事人持右符，左符留在官府（图二七），而"日迹券"的持有者分别是相邻两个隧的戍卒，所以两隧戍卒都必须日迹到交界处碰面，才能实现"会界上刻券"的要求，从而达到相互监督，日迹尽界的目的。

傅别（莂）也是符券的一种，中书"同"字或划线，剖分为二或多份，《周礼·天官·小宰》："听称责以傅别"，郑注："傅别，谓大手书于一札，中字别之"。《释名·释书契》："莂，别也，大书中央，中破莂之也。"《楼》330A、B："出佰师一口、砲一合（此处有一"同"字右半笔迹），景元四年八月八日幕下史索卢灵付兼将张禄。录事掾阙。"据长沙走马楼《嘉

图二七　迹符分左右之印证

禾吏民田家莂》所见"同"字符被分割的情况分析，其中有许多莂当为一式三份。

简牍所见符券文书在剖分之后，常常与同类符券一起被编联成册，使其具备用于统计的功能，转化为簿籍。

## （七）检楬类

检楬之类为标识文书。

检，封缄标识，设有封泥槽，用于封缄各种物品及文书，大多署有文字以说明封缄的目的，如说明用于传送、封存等。有些封检虽无墨书文字，由于其封泥上有印文，故亦具信用标识功能。检的名目有衣橐检、橄检等。《说文》："检，书署。"徐铉注："书函之盖三刻其上，绳缄之，然后填以泥，题书其上而印之也。"《释名·释书契》："检，禁也，禁闭诸物使不得开露也。"《后汉书·公孙瓒传》："袁绍矫刻金玉以为印玺，每有所下，辄皂囊施检。"李贤注:"检,如今言标签。"《广韵》:"书检者,印巢封题也,则通谓印封为检矣!"依被封缄的对象划分,简牍所见封检有钱橐检、衣橐检、器物检、钱物合橐检、牲畜封检、邮书检、私书检、露布检等。最常见者为邮书检,是一种专为传递邮书使用的封检,检面除署明收件者外,往往还有关于传递方式的说明,如"吏马驰行"、"行者走"、"以邮行"、"亭次走行"、"隧次行"之类。无题署之封检,其说明文字多另设一楬书写,如马王堆1号汉墓所见竹笥,用绳束缚后加一无题封检,另一端系一木楬署写笥内所盛物品(图二八)。封检的凹槽底部大多有三道刻痕用于固定系绳。许多封检的封泥槽,在收文后常常被收件人削平或截断。图二九所见即为实物封检。

楬,标签、签牌,《周礼·职金》:"辨其物之微恶与其数量楬而玺之。"郑玄注:"既楬书楬其数量,又以印封之……今时

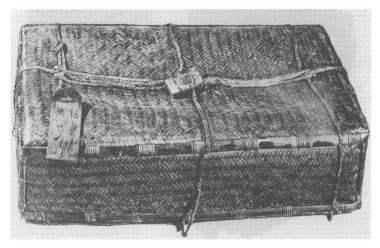

图二八　封检与木楬的配合使用

图二九   封检

之书有所表识，谓之楬橥。"《周礼·职币》："皆办其物而奠其录，以书楬之，以诏上之小用赐予。"《广雅》："楬，橥杙也。"简牍所见楬有实物楬与文书楬，楬首多有网格纹或涂黑，钻孔或两侧挖缺口以系绳。实物楬大多直接系于器物上，图三〇所

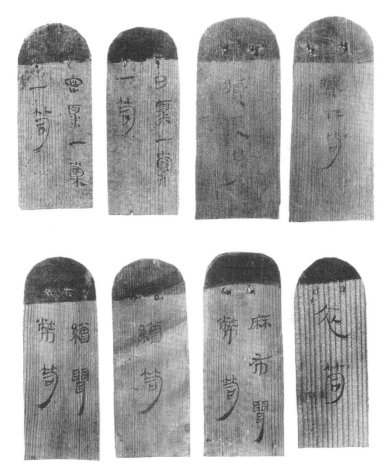

图三〇 木楬

见为首端钻两孔之实物楬，当系于竹笥上。文书楬大多用作已归卷入档的案卷标题，如《新简》EPT6·35："⊠新始建国地皇上戊二年闰月尽十二月四时簿"、《甲乙编》46·17："⊠建昭元年正月尽十二月吏病及视事书卷"。

# 参 考 文 献

**论著**

1. Chavannes, Edouard: Chinese Documents from The Sites of Dandan-Uilig, Niya and Endere, Appendix A, Part Ⅱ, "Ancient Khotan" Les documents sur bois de Niya. (1907)

2. Stein, Aurel: Ancient Khotan, Detailed Report of Archaeological Explorations in Chinese Turkestan 2 vols. Oxford. (1907)

3. 王国维、罗振玉《流沙坠简》[正编、补遗、考释]，京都东山学社 1914 年版，1934 年校正重印版，1993 年中华书局影印版。

4. Conrady, August: Die Chinesishen Handschriften und Sonstigen Kleinfude Sven Hedins in Lou-lan, l vol. Stockholm（Generalstabens litografiska anstalt）. (1920)

5. Stein, Aurel: Serindia, Detailed Report of Exploration in Contral Asia and Western-most China Carried out and Described under the Ordesr of H. M. 5 vols. Oxford. (1921)

6. Stein, Aurel: Innermost Asia, Detailed Report of Exploration in Central Asia, Kan-su and Eastern lran, 4 vols. Oxford. (1928)

7. 张凤《汉晋西陲木简汇编》，上海有正书局 1931 年版。

8. 斯文赫定著、李述礼译《亚洲腹地旅行记》，开明书局 1934 年版。

9. 黄文弼《释居庐訾仓——罗布淖尔汉简考释之一》，《国学季刊》5 卷 2 期。

10. Bergman, Folke: Lou-Lan Wood Carvings and Small finds Discov-

ered by Sven Hedin. The Museum of Far Eastern Antiquities（Ostasiatica Samlingarua）Stockholm Bullitine，No 7. Stockholm.（1935）

11.Bergman，Folke：The Sino Swedish Expedition Pub. 7-Archaeological researches in Sinkiang-Stockholm.（1939）

12.Bergman，Folke：Travels and Archaeological Field-work in Mongolia and Sing kiang. A Diary of The years 1927-34. History of The expedition in Asia 1927-35 by Sven Hedin in Collaboration with Folke Bergman，IV（Reports from the Scientific Expedition to the North-western region of China under the Leadership of Dr. Sven Hedin）Stockholm.（1945）

13．劳干《居延汉简考释释文之部》，四川南溪 1943 年石印本，线装四册；商务印书馆 1949 年出版铅印本。

14．劳干《居延汉简考释考证之部》，四川南溪 1944 年石印本，线装二册。

15．斯坦因著、向达译《斯坦因西域考古记》，商务印书馆 1946 年版。

16．黄文弼《罗布淖尔考古记》，中国西北科学考察团丛刊之一，1948 年版。

17．夏鼐《新获之敦煌汉简》，《史语所集刊》第 19 本，1948 年版。

18．劳干《敦煌汉简校文》，商务印书馆 1949 年版。

19．史树青《长沙仰天湖出土楚简研究》，群联出版社 1955 年版。

20．中国科学院考古研究所《长沙发掘报告》（考古学专刊丁种第 2 号），科学出版社 1957 年版。

21．劳干《居延汉简图版之部》（中央研究院历史语言研究所专刊之二十一），台北中央研究院历史语言研究所 1957 年版。

22．米田贤次郎、大庭脩《敦煌、居延出土汉简》，《书道全集》第 2 册，平凡社 1958 年版。

23．河南省文化局文物工作队《湖南信阳楚墓文物图录》，河南人民出版社 1959 年版。

24．中国科学院考古研究所《居延汉简甲编》（考古学专刊乙种第 8

号），科学出版社 1959 年版。

25. 劳干《居延汉简考释之部》（中央研究院历史语言研究所专刊之四十），台北中央研究院历史语言研究所 1960 年版。

26. 甘肃省博物馆、中国科学院考古研究所《武威汉简》（考古学专刊乙种第 12 号），文物出版社 1964 年版。

27. 陈槃《汉晋遗简识小七种》（中央研究院历史语言研究所专刊之六十三），台北中央研究院历史语言研究所 1970 年版。

28. 湖南省博物馆、中国科学院考古研究所《长沙马王堆一号汉墓发掘简报》，文物出版社 1972 年版。

29. 湖南省博物馆、中国科学院考古研究所《长沙马王堆一号汉墓》（上、下），文物出版社 1973 年版。

30. 钱存训著、周宁森译《中国古代的简牍制度》，《中国文化研究所学报》第 6 卷 1 期，1973 年版。

31. 马王堆汉墓帛书整理小组《马王堆汉墓帛书》（壹），文物出版社 1974 年版。

32. 银雀山汉墓竹简整理小组《银雀山汉墓竹简》（壹），文物出版社 1975 年版。

33. 银雀山汉墓竹简整理小组《孙膑兵法》（银雀山汉墓竹简），文物出版社 1975 年版。

34. 甘肃省博物馆、武威县文化馆《武威汉代医简》，文物出版社 1975 年版。

35. 马先醒《居延汉简释文（晒蓝本、台北本、甲编本）并录诸简释文试斠》（1），《简牍学报》1 卷 2 期，1975 年版。

36. 马先醒《劳贞一先生著晒蓝本汉简释文中所保存之简牍形制资料》，《简牍学报》1 卷 2 期，1975 年版。

37. 银雀山汉墓竹简整理小组《孙子兵法》（银雀山汉墓竹简），文物出版社 1976 年版。

38. 睡虎地秦墓竹简整理小组《睡虎地秦墓竹简》（8 开线装本），文物出版社 1977 年版。

39．睡虎地秦墓竹简整理小组《睡虎地秦墓竹简》（32 开平装本），文物出版社 1978 年版。

40．陈梦家《汉简缀述》，中华书局 1980 年版。

41．中国社会科学院考古研究所《居延汉简甲乙编》（上、下），中华书局 1980 年版。

42．云梦睡虎地秦墓编写组《云梦睡虎地秦墓》，文物出版社 1981 年版。

43．马先醒编著、简牍学会编辑部主编《居延汉简新编》，台北简牍学会 1981 年版。

44．林梅村、李均明《疏勒河流域出土汉简》，文物出版社 1984 年版。

45．林剑鸣《简牍概述》，陕西人民出版社 1984 年版。

46．银雀山汉墓竹简整理小组《银雀山汉墓竹简》（一），文物出版社 1985 年版。

47．谢桂华、李均明、朱国炤《居延汉简释文合校》，文物出版社 1987 年版。

48．骈宇骞《银雀山汉墓竹简〈晏子春秋〉校释》，书目文献出版社 1988 年版。

49．甘肃省文物考古研究所《居延新简释粹》，兰州大学出版社 1988 年版。

50．郑有国《中国简牍学综论》，华东师范大学出版社 1989 年版。

51．陆锡兴《汉代简牍草字编》，上海书画出版社 1989 年版。

52．睡虎地秦墓竹简整理小组《睡虎地秦墓竹简》（8 开精装本），文物出版社 1990 年版。

53．甘肃省文物考古研究所、甘肃省博物馆、中国文物研究所、中国社会科学院历史研究所《居延新简——甲渠候官与第四隧》，文物出版社 1990 年版。

54．李均明、何双全《散见简牍合辑》，文物出版社 1990 年版。

55．湖北省荆沙铁路考古队《包山楚简》，文物出版社 1991 年版。

56．甘肃省文物考古研究所《敦煌汉简》，中华书局 1991 年版。

57．高大伦《张家山汉简〈脉书〉校释》，成都出版社 1992 年版。

58．富谷至《大学图书馆所藏的敦煌汉简》，京都大学文学科学研究所 1993 年版。

59．青海省文物考古研究所《上孙家寨汉晋墓》，文物出版社 1993 年版。

60．大庭脩《汉简研究的现状和展望》，关西大学出版社 1993 年版。

61．张守中《睡虎地秦简文字编》，文物出版社 1994 年版。

62．甘肃省文物考古研究所、甘肃省博物馆、中国社会科学院历史研究所《居延新简——甲渠候官》（上、下），中华书局 1994 年版。

63．湖北省文物考古研究所、北京大学中文系《望山楚简》，中华书局 1995 年版。

64．商承祚《战国楚竹简汇编》，齐鲁书社 1995 年版。

65．高大伦《张家山汉简〈引书〉研究》，巴蜀书社 1995 年版。

66．中国社会科学院简帛研究中心《简帛研究译丛》1 辑，湖南出版社 1996 年版。

67．中国社会科学院简帛研究中心《简帛研究》2 辑，法律出版社 1996 年版。

68．中国社会科学院考古研究所《汉长安城未央宫考古发掘报告》，中国大百科出版社 1996 年版。

69．刘信芳、梁柱《云梦龙岗秦简》，科学出版社 1997 年版。

70．连云港市博物馆、东海县博物馆、中国社会科学院简帛研究中心、中国文物研究所：《尹湾汉墓简牍》，中华书局 1997 年版。

71．西北师范大学历史系、甘肃省文物考古研究所《简牍学研究》第 2 辑，甘肃人民出版社 1997 年版。

72．荆门市博物馆《郭店楚墓竹简》，文物出版社 1998 年版。

73．中国社会科学院简帛研究中心《简帛研究》3 辑，广西教育出版社 1998 年版。

74．长沙市文物考古研究所、中国文物研究所、北京大学历史系走

马楼简牍整理组《长沙走马楼三国吴简·嘉禾吏民田家莂》（上、下），
文物出版社 1999 年版。

75. 骈宇骞、段书安《本世纪以来出土简帛概述》，万卷楼图书有限
公司 1999 年版。

76. 李均明、刘军《简牍文书学》，广西教育出版社 1999 年版。

77. 湖北省文物考古研究所、北京大学中文系《九店楚简》，中华书
局 2000 年版。

78. 张家山汉简二四七号汉墓竹简整理小组《张家山汉墓竹简》[二
四七号墓]，文物出版社 2001 年版。

## 论文

1. 甘肃省博物馆《武威县发现大批竹简》，《文物》1959 年第 10 期。

2. 新疆博物馆《新疆巴楚县库孜沙来古城发现的古代木简、带文字
纸片等文物》，《文物》1959 年第 7 期。

3. 甘肃省博物馆《甘肃武威磨咀子六号汉墓》，《考古》1960 年第 5
期。

4. 甘肃省博物馆、考古所编辑室《武威磨咀子汉墓出土王杖十简释
文》，《考古》1960 年第 9 期。

5. 礼堂《王杖十简补释》，《考古》1961 年第 5 期。

6. 湖南省博物馆《长沙砂子塘西汉墓发掘简报》，《文物》1963 年
第 2 期。

7. 史树青《信阳长台关出土竹书考》，《北京师范学院学报》1963
年第 4 期。

8. 南京博物馆《江苏连云港市海州网疃庄汉木椁墓》，《考古》1963
年第 6 期。

9. 湖北省文物局文物工作队《湖北江陵三座楚墓出土大批重要文
物》，《文物》1966 年第 5 期。

10.《考古》编辑部《关于长沙马王堆一号汉墓的座谈纪要》，《考
古》1972 年第 5 期。

11．新疆维吾尔自治区博物馆《吐鲁番阿斯塔那——哈拉和卓古墓群清理简报》，《文物》1972 年第 1 期。

12．朱德熙、裘锡圭《信阳楚简考释（五篇）》，《考古学报》1973 年第 1 期。

13．荆州地区博物馆《湖北江陵藤店一号墓发掘简报》，《文物》1973 年第 9 期。

14．甘肃省博物馆、甘肃省武威县文化馆《武威旱滩坡汉墓发掘简报——出土大批医药简牍》，《文物》1973 年第 12 期。

15．中医研究院医史文献研究室《武威汉代医药简牍在医学史上的重要意义》，《文物》1973 年第 12 期。

16．湖南省博物馆、中国科学院考古研究所《长沙马王堆二、三号汉墓发掘简报》，《文物》1974 年第 7 期。

17．裘锡圭《从马王堆一号汉墓"遣策"谈关于古隶的一些问题》，《考古》1974 年第 1 期。

18．周世荣《谈谈马王堆三号汉墓的简牍》，《光明日报》1974 年 10 月 6 日 5 版。

19．山东省博物馆、临沂文物组《山东临沂西汉墓发现〈孙子兵法〉和〈孙膑兵法〉等竹简简报》，《文物》1974 年第 2 期。

20．银雀山汉墓竹简整理小组《临沂银雀山汉墓出土〈孙子兵法〉残简释文》，《文物》1974 年第 12 期。

21．银雀山汉墓竹简整理小组《临沂西汉墓出土的〈孙子兵法〉、〈孙膑兵法〉竹简》，《文物》1974 年第 12 期。

22．长江流域第二期文物考古工作人员训练班《湖北江陵凤凰山西汉墓发掘简报》，《文物》1974 年第 6 期。

23．裘锡圭《湖北江陵凤凰山十号汉墓出土简牍考释》，《文物》1974 年第 7 期。

24．南京市博物馆、连云港市博物馆《海州西汉霍贺墓清理简报》，《考古》1974 年第 3 期。

25．江西省博物馆《江西南昌晋墓》，《考古》1974 年第 6 期。

26．马先醒《简牍堂随笔》，《简牍学报》1 卷 2、3 期，台北简牍学会 1975 年版。

27．中国科学院考古研究所写作小组、湖南省博物馆《马王堆二、三号墓发掘的主要收获》，《考古》1975 年第 1 期。

28．银雀山汉墓竹简整理小组《临沂银雀山汉墓出土〈孙膑兵法〉释文》，《文物》1975 年第 1 期。

29．纪南城凤凰山一六八号汉墓发掘整理组《湖南江陵凤凰山一六八号汉墓发掘简报》，《文物》1975 年第 9 期。

30．南波《江苏连云港市海州西汉侍其繇墓》，《考古》1975 年第 3 期。

31．马先醒《劳贞一先生著晒蓝本汉简释文中所保存之简牍形制资料》，《简牍学报》1 卷 2 期，1975 年版。

32．孝感地区第二期亦工亦农文物考古训练班《湖北云梦睡虎地 11 号秦墓发掘简报》，《文物》1976 年第 6 期。

33．孝感地区第二期亦工亦农文物考古训练班《湖北云梦睡虎地十一座秦墓发掘简报》，《文物》1976 年第 9 期。

34．云梦秦墓竹简整理小组《云梦秦简释文》（一），《文物》1976 年第 6 期。

35．云梦秦墓竹简整理小组《云梦秦简释文》（二），《文物》1976 年第 7 期。

36．云梦秦墓竹简整理小组《云梦秦简释文》（三），《文物》1976 年第 8 期。

37．银雀山汉墓竹简整理小组《临沂银雀山出土〈王兵〉篇释文》，《文物》1976 年第 12 期。

38．金立《江陵凤凰山八号汉墓竹简试释》，《文物》1976 年第 6 期。

39．凤凰山一六七号汉墓发掘整理小组《江陵凤凰山一六七号汉墓发掘简报》，《文物》1976 年第 10 期。

40．吉林大学历史系考古专业赴纪南城开门办学小分队《凤凰山一六七号汉墓遣册考释》，《文物》1976 年第 10 期。

41．湖北省博物馆《光化五座坟西汉墓》,《考古学报》1976 年第 2 期。

42．马先醒《简牍通考》,《简牍学报》4 期,1976 年版。

43．银雀山汉墓竹简整理小组《银雀山简本〈尉缭子〉释文》(附校注),《文物》1977 年第 2、3 期。

44．马先醒《居延汉简之版本与编号》,《简牍学报》5 期,1977 年版。

45．中文系古文字研究室楚简整理小组《战国楚简概述》,《中山大学学报》(哲学社会科学版) 1978 年第 4 期。

46．安徽省文物工作队、阜阳地区博物馆、阜阳县文化局《阜阳双古堆西汉汝阴侯墓发掘简报》,《文物》1978 年第 8 期。

47．广西壮族自治区文物工作队《广西贵县罗泊湾 1 号墓发掘简报》,《文物》1978 年第 9 期。

48．马先醒《居延汉简补编》,《简牍学报》6 期,1978 年版。

49．甘肃居延考古队《居延汉代遗址的发掘和新出土的简册文物》,《文物》1978 年第 1 期。

50．舒学《我国古代竹木简发现、出土情况》,《文物》1979 年第 7 期。

51．随县擂鼓墩 1 号墓考古发掘队《湖北随县曾侯乙墓发掘简报》,《文物》1979 年第 7 期。

52．咸阳市博物馆《陕西咸阳马泉西汉墓发掘简报》,《考古》1979 年第 2 期。

53．南京博物院《江苏盱眙东阳汉墓》,《考古》1979 年第 5 期。

54．马国权《战国楚竹简文字略说》,《古文字研究》3 辑,1980 年版。

55．马先醒《简牍形制》,《简牍学报》7 期,1980 年版。

56．马先醒《简牍之编写次第与编卷典藏》,《简牍学报》7 期,1980 年版。

57．马先醒《简牍文书之版式与标点符号》,《简牍学报》7 期,

1980 年版。

58．马先醒《简牍质材》，《简牍学报》7 期，1980 年版。

59．青海省文物考古工作队《青海大通县上孙家寨 115 号汉墓》，《文物》1981 年第 2 期。

60．国家文物局古文献研究室、大通上孙家寨汉简整理小组《大通上孙家寨汉简释文》，《文物》1981 年第 2 期。

61．河北省文物研究所《河北定县 40 号汉墓发掘简报》，《文物》1981 年第 8 期。

62．国家文物局古文献研究室、河北省博物馆、河北省文物研究所定县汉墓竹简整理小组《定县 40 号汉墓出土竹简简介》，《文物》1981 年第 8 期。

63．国家文物局古文献研究室、河北省博物馆、河北省文物研究所定县汉墓竹简整理小组《〈儒家者言〉释文》，《文物》1981 年第 8 期。

64．扬州博物馆、邗江县图书馆《江苏邗江胡场 5 号汉墓》，《文物》1981 年第 11 期。

65．甘肃省博物馆、敦煌县文化馆《敦煌马圈湾汉代烽燧遗址发掘简报》，《文物》1981 年第 10 期。

66．侯灿《楼兰遗址考察简报》，《历史地理》创刊号，1981 年版。

67．李学勤《秦简的古文字学考察》，《云梦秦简研究》，中华书局 1981 年版。

68．四川省博物馆《青川县出土秦更修田律木牍》，《文物》1982 年第 1 期。

69．李洪甫《江苏连云港市花果山出土的汉代简牍》，《考古》1982 年第 5 期。

70．朱德熙、裘锡圭《七十年来出土的秦汉简册和帛书》，《语文研究》1 辑，1982 年版。

71．文物局古文献研究室、安徽省阜阳汉简整理组《阜阳汉简简介》，《文物》1983 年第 2 期。

72．文物局古文献研究室、安徽省阜阳地区博物馆汉简整理组《阜阳汉简〈苍颉篇〉》,《文物》1983 年第 2 期。

73.大庭脩著、谢桂华译《中国出土简牍研究文献目录》,《简牍研究译丛》1 辑,1983 年版。

74.文物局古文献研究室、安徽阜阳地区博物馆阜阳汉简整理组《阜阳汉简〈诗经〉释文》,《文物》1984 年第 8 期。

75.胡平生、韩自强《阜阳汉简〈诗经〉简论》,《文物》1984 年第 4 期。

76.陆锡兴《关于罗泊湾汉墓〈从器志〉的重文号》,《文物》1984 年第 4 期。

77.甘肃省文物工作队居延简整理组《居延简〈永始三年诏书〉册释文》,《敦煌学辑刊》1984 年第 2 辑。

78.张学正《甘谷汉简考释》,《汉简研究文集》,甘肃人民出版社1984 年版。

79.银雀山汉墓竹简整理小组《银雀山竹书〈守法〉、〈守令〉等十三篇》,《文物》1985 年第 4 期。

80.张家山汉墓竹简整理小组《江陵张家山汉简概述》,《文物》1985 年第 1 期。

81.荆州地区博物馆《江陵张家山三座汉墓出土大批竹简》,《文物》1985 年第 1 期。

82.周世荣《马王堆竹简养生方与中国古代养生学》,《考古与文物》1986 年第 6 期。

83.沈仲章《抢救"居延汉简"历险记》,《团结报》1986 年 2 月 1日、8 日 3 版。

84.大庭脩《地湾出土的骑士简册及汉简研究方法》,《通讯》1986 年第 3 期。

85.孟凡人《楼兰简牍的年代》,《新疆文物》1986 年第 1 期。

86.高大伦《汗简、汗青、杀青辨》,《四川大学学报》1986 年第 4期。

87.高大伦《简册制度中几个问题的考辨》,《文献》1987 年第 4 期。

88．陈平、王勤全《仪征胥浦 101 号西汉墓〈先令券书〉初考》，《文物》1987 年第 1 期。

89．陆锡兴《释"卪"》，《考古》1987 年第 12 期。

90．米如田《战国楚简的发现与研究》，《江汉考古》1988 年第 3 期。

91．包山墓地竹简整理小组《包山 2 号墓竹简概述》，《文物》1988 年第 5 期。

92．国家文物局古文献研究室、安徽阜阳地区博物馆阜阳汉简整理组《阜阳汉简〈万物〉》，《文物》1988 年第 4 期。

93．胡平生、韩自强《〈万物〉略说》，《文物》1988 年第 4 期。

94．侯灿《楼兰新发现木简纸文书考释》，《文物》1988 年第 7 期。

95．何双全《天水放马滩秦简综述》，《文物》1989 年第 2 期。

96．江陵张家山汉简整理小组《江陵张家山汉简〈脉书〉释文》，《文物》1989 年第 7 期。

97．连劭名《江陵张家山汉简〈脉书〉初探》，《文物》1989 年第 6 期。

98．李均明《新莽简时代特征琐议》，《文物春秋》1989 年第 4 期。

99．刘信芳、梁柱《云梦龙岗秦简综述》，《江汉考古》1990 年第 3 期。

100．张家山汉简整理组《江陵张家山汉简〈引书〉释文》，《文物》1990 年第 10 期。

101．彭浩《江陵张家山汉简〈引书〉初探》，《文物》1990 年第 10 期。

102．胡平生《楼兰木简残纸文书杂考》，《新疆社会科学》1990 年第 3 期。

103．连劭名《江陵张家山汉简〈引书〉述略》，《文献》1991 年第 2 期。

104．裘锡圭《谈谈辨释汉简文字应该注意的一些问题》，《江汉考古》1991 年第 4 期。

105．敦煌市博物馆《敦煌汉代烽燧遗址调查所获简牍释文》，《文物》1991 年第 8 期。

106. 王尧等《青海吐蕃简牍考释》,《西藏研究》1991 年第 3 期。

107. 米如田《"遣策"考辨》,《华夏考古》1991 年第 3 期。

108. 平明《一九八〇年楼兰出土文书考释》,《文史》36 辑,1992年版。

109. 商志䭲、李均明《商承祚先生藏居延汉简》,《文物》1992 年第 9 期。

110. 叶连品《从银雀山汉简看秦汉书体的演变》,《中国文物报》1993 年 8 月 29 日 3 版。

111. 江陵张家山汉简整理小组《江陵张家山汉简〈奏谳书〉释文》(一),《文物》1993 年第 8 期。

112. 李学勤《〈奏谳书〉解说》(上),《文物》1993 年第 8 期。

113. 彭浩《谈〈奏谳书〉中的西汉案例》,《文物》1993 年第 8 期。

114. 李均明、刘军《武威旱滩坡出土汉简考述——兼论"挈令"》,《文物》1993 年第 10 期。

115. 徐萍芳《汉简的发现与研究》,《传统文化与现代化》1993 年第 6 期。

116. 刘祖信《荆门楚墓的惊人发现》,《文物天地》1995 年第 6 期。

117. 江陵张家山汉简整理小组《江陵张家山汉简〈奏谳书〉释文》(二),《文物》1995 年第 3 期。

118. 李学勤《〈奏谳书〉解说》(下),《文物》1995 年第 3 期。

119. 彭浩《谈〈奏谳书〉中秦代和东周时期的案例》,《文物》1995年第 3 期。

120. 邢义田《傅斯年、胡适与居延汉简的运美及返台》,《中央研究院历史语言研究所集刊》66 集。

121. 河北省文物研究所定州汉简整理小组《定州西汉中山怀王墓竹简〈文子〉的整理和意义》,《文物》1995 年第 12 期。

122. 河北省文物研究所定州汉简整理小组《定州西汉中山怀王墓竹简〈文子〉释文》,《文物》1995 年第 12 期。

123. 河北省文物研究所定州汉简整理小组《定州西汉中山怀王墓竹简〈文子〉校勘记》,《文物》1995 年第 12 期。

124. 永田英正著、杨富学译《居延汉简公文研究》,《甘肃社会科学》1995 年第 1 期。

125. 陈伟《关于包山楚简中的丧葬文书》,《考古与文物》1996 年 2 期。

126. 葛英会《包山楚简治狱文书研究》,《南方文物》1996 年 2 期。

127. 连云港市博物馆等《尹湾汉墓简牍初探》,《文物》1996 年第 10 期。

128. 刘文锁《新疆出土简牍的考古学研究》,《西北史地》1996 年第 3 期。

129. 李守奎《江陵九店 56 号墓竹简考释四则》,《江汉考古》1997 年第 4 期。

130. 武可荣《连云港市历年出土简牍简述》,《书法丛刊》1997 年第 4 期。

131. 河北省文物研究所、定州汉墓竹简整理小组《定州西汉中山怀王墓竹简〈论语〉释文选》,《文物》1997 年第 5 期。

132. 河北省文物研究所、定州汉墓竹简整理小组《定州西汉中山怀王墓竹简〈论语〉选校注》,《文物》1997 年第 5 期。

133. 河北省文物研究所、定州汉墓竹简整理小组《定州西汉中山怀王墓竹简〈论语〉介绍》,《文物》1997 年第 5 期。

134. 张俊民《散见“悬泉汉简”》,《敦煌学辑刊》1997 年第 2 期。

135. 胡平生、宋少华《长沙走马楼简牍概述》,《传统文化与现代化》1997 年第 3 期。

136. 王素、宋少华、罗新《长沙走马楼简牍整理的新收获》,《文物》1999 年第 5 期。

137. 彭锦华《周家台 30 号秦墓竹简“秦始皇三十四年历谱”释文与考释》,《文物》1999 年第 6 期。

138. 长沙市文物工作队、长沙市文物考古研究所《长沙走马楼 J22

发掘简报》,《文物》1999 年第 5 期。

139. 湖北省荆州市周梁玉桥遗址博物馆《关沮秦汉墓清理简报》,《文物》1999 年第 6 期。

140. 甘肃省文物考古研究所《敦煌悬泉汉简内容概述》,《文物》2000 年第 5 期。

141. 甘肃省文物考古研究所《敦煌悬泉汉简释文选》,《文物》2000 年第 5 期。

142. 江陵张家山汉简整理小组《汉陵张家山汉简〈算数书〉释文》,《文物》2000 年第 9 期。

143. 彭浩《中国最早的数学著作〈算数书〉》,《文物》2000 年第 9 期。

144. 何双全《敦煌悬泉汉简释文修订》,《文物》2000 年第 12 期。

# 后　　记

　　本书于 1998 年完稿，2002 年看校样时又做了一些增补修订，但由于篇幅所限，对每批简牍只能做提要式的介绍。我国迄今出土简牍总数已达二十五万枚以上，然已公布者仅六万余枚，多数仍在整理中，其中许多未公布或近期才出土者，如河南新蔡楚简、湖北九连墩楚简、湖南里耶秦简及沅陵汉简、内蒙古 1999 至 2000 年间出土的居延汉简等，本书皆未及做专门的介绍，于此谨向读者致歉。

　　甘肃省文物考古研究所前所长岳邦湖为本书提供了若干照片，特此致谢。

作　者<br>2003 年春节

图书在版编目（CIP）数据

古代简牍/李均明著．－－北京：文物出版社，2003.4
（2023.6 重印）

（20世纪中国文物考古发现与研究丛书）

ISBN 978-7-5010-1398-2

Ⅰ.古… Ⅱ.李… Ⅲ.简（考古）-研究-中国
Ⅳ.K877.5

中国版本图书馆CIP数据核字（2002）第077532号

20世纪中国文物考古发现与研究丛书

# 古代简牍

著　　者　李均明

封面设计　张希广
责任印制　张道奇
责任编辑　张庆玲
重印编辑　宋　丹
出版发行　文物出版社
社　　址　北京市东城区东直门内北小街2号楼
网　　址　http：//www.wenwu.com
经　　销　新华书店
印　　刷　文物出版社印刷厂有限公司
开　　本　850mm×1168mm　　1/32
印　　张　7.5
版　　次　2003年4月第1版
印　　次　2023年6月第4次印刷
书　　号　ISBN 978-7-5010-1398-2
定　　价　40.00元